山东省社会科学规划研究项目·新旧动能转换研究专项（19CDNJ03）；烟台市社会科学规划研究项目（2019-YTSK-186）

绿色研发供应商选择的
契约机制研究

基于信息不对称情景

刘克宁　著

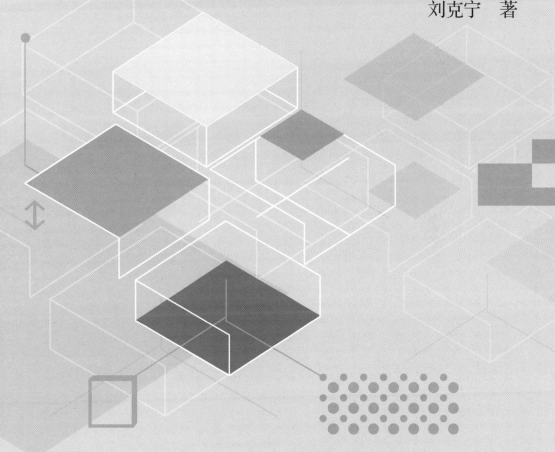

中国社会科学出版社

图书在版编目(CIP)数据

绿色研发供应商选择的契约机制研究:基于信息不对称情景/
刘克宁著. —北京:中国社会科学出版社,2020.2
ISBN 978 - 7 - 5203 - 5590 - 2

Ⅰ.①绿…　Ⅱ.①刘…　Ⅲ.①供应链管理—节能—研究
Ⅳ.①F252.1

中国版本图书馆 CIP 数据核字(2019)第 239419 号

出 版 人	赵剑英
责任编辑	车文娇
责任校对	周晓东
责任印制	王　超

出　　版	中国社会科学出版社
社　　址	北京鼓楼西大街甲 158 号
邮　　编	100720
网　　址	http://www.csspw.cn
发 行 部	010 - 84083685
门 市 部	010 - 84029450
经　　销	新华书店及其他书店

印　　刷	北京明恒达印务有限公司
装　　订	廊坊市广阳区广增装订厂
版　　次	2020 年 2 月第 1 版
印　　次	2020 年 2 月第 1 次印刷

开　　本	710×1000　1/16
印　　张	11.25
插　　页	2
字　　数	138 千字
定　　价	56.00 元

目　　录

第一章　绪论

第一节　背景介绍

一　合作研发的特点

传统供应链中供应商和企业之间的买卖关系较为松散，这种买卖而非合作的关系在一定程度上制约了双方之间的直接沟通，使得供应链渠道的协调效率低下。现如今，产品的生命周期越来越短，企业的战略运作必须变得更为敏捷，才能快速响应顾客多样化的需求。随着供应链管理（Supply Chain Management）思想在实践中的深入，企业逐渐认识到供应链内部一体化的重要性，将供应商、生产商、零售商和最终客户等联为一体，彼此之间形成密切的战略伙伴关系，拥有共同利益目标和一定信息共享程度，从而实现优势互补，提升整个供应链的竞争力。

合作研发具有时效性和风险性，通过合作研发可以使企业更容易获得所需要的资金、技能和知识。一方面，由于创新产品的时效性、研发结果的不确定性，企业需要持续投入资金，因而供应链的资金风险较大。企业往往采取引入外部风险投资、供应链内部融资、商业银行借贷等方法来解决资金问题。另一方面，为快速有效地获得所需要的技能和知识，创新企业通常会选择技术外包或让供应商参与研发。

在生物医药产业中，制药企业对生物技术公司的研发外包是一个较为普遍的现象。例如，生物技术公司掌握创新产品的思想和专利技术，但缺乏资金和市场营销渠道来保证整体项目的完成；与此同时，很多大型制药公司拥有雄厚的资金实力，致力于寻求更好的投资项目①。根据合作技术与协议指标数据库（The Cooperative Agreement and Technology Indicators Database），仅 2006 年就有约900 例商业技术联盟签署，其中60%集中在医药、信息技术、化学制品、航天工业、汽车工业。20 世纪80 年代，这些合作大多采取股份制方式，而现如今96%的创新研发技术合作采取了契约方式②。

企业间通过合作研发而获得的巨大收益引起了各国政府对合作研发模式的重视。1996 年美国企业引进的外部资本已相当于总研发资本的12%—35%，而在日本甚至达到40%—60%。合作研发模式主要包括横向合作研发和纵向合作研发。横向合作研发是指在同一行业的企业联合起来进行技术开发；纵向合作研发是指产业链上具有一定上下游生产关系的企业进行合作研发。供应商是纵向合作模式的重要参与者之一。拥有更好研发技术和原材料优势的供应商可以帮助核心企业减少开发的时间和成本，使其抓住更多的市场机

---

① Crama, Pascale, Bert De Reyck and Niyazi Taneri, "Licensing Contracts: Control Rights, Options, and Timing", *Management Science*, Vol. 63, No. 4, 2016, p. 1132.

② Bhattacharya, Shantanu, Vibha Gaba and Sameer Hasija, "A Comparison of Milestone-Based and Buyout Options Contracts for Coordinating R&D Partnerships", *Management Science*, Vol. 61, No. 5, 2014, p. 964.

会、分担创新研发风险。例如，日本汽车生产商丰田与重要部件的供应商积极紧密合作，其单款汽车平均开发时间只有美国同行的 2/3，平均价格仅为欧洲同行的 1/2 左右；AMD 和 Fujitsu 公司利用有关闪存的专业知识池共同生产芯片，与 Intel 展开竞争。同时，研发供应方的专业经验和知识能给企业带来更多创新思路，例如，苹果供应商 Dialog 与无线充电公司 Energous 达成合作，共同研发新的无线充电技术，以期在下一代苹果手机产品中使用。调查发现，有 40% 的 CEO 认为供应商是企业重要的创新来源[①]。

二 绿色研发设计的必要性

人口、环境和资源一直是人类社会面临的三大问题，直接关系到人类社会的可持续发展。为此，国际社会相继出台了《联合国气候变化框架公约》（1992）和《京都议定书》（1997），提出了低碳经济的理念。"十三五"是我国实现从高碳到低碳的转型期，制造企业为了实现低碳减排的目标，获得可持续的盈利能力，将重新考虑优化产品结构，研发低碳产品，而合作研发正是实现这一转变的有效途径。

然而，随着产品更新换代速度的加快，废弃产品引发的资源过度消耗和环境污染问题受到了全球各国的广泛关注。在美国，每年被丢弃的电子电器产品已经高达 200 多万吨。根据工信部 2015 年提供的数据，目前，我国手机、计算机、彩电等主要电子产品年产

---

① Lee, Peter K. C., Andy C. L. Yeung and T. C. Edwin Cheng, "Supplier Alliances and Environmental Uncertainty: An Empirical Study", *International Journal of Production Economics*, Vol. 120, No. 1, 2009, pp. 190 – 204.

量超过 20 亿台，每年主要电器电子产品报废量超过 2 亿台，重量超过 500 万吨，我国已成为世界第一大电器电子产品生产和废弃大国[①]。废弃电器电子产品兼具资源性与环境性。废弃电器电子产品中的有害物质，如果回收处理不规范，将对生态环境和人体健康造成严重威胁与伤害，而含有的重金属和塑料（一般按重量计，含金属 40%、塑料 20%、玻璃 12%）大部分可再利用[②]。

发达国家或地区纷纷制定关于产品回收的相关政策。例如，2003 年 2 月 13 日欧盟首次颁布了《关于废弃电子电器设备指令》（Waste Electrical and Electronic Equipment Directive，WEEE Directive），并于 2012 年对 WEEE Directive 进行了修订，其中特别指出，考虑到电子产品重要部件（例如电路板、电池、磁铁等）在原材料选用、可回收性、可拆解性等方面的问题，应对产品部件进行生态设计（Eco-Design），以降低对某些特殊材料的需求，提升产品回收效果[③]。

产品研发设计在耐久性和低碳回收两方面都可能产生积极作用，如 HP 公司的台式电脑采用铝制箱体比塑料材质更耐用，且回收费用更低。但是，产品设计对两方面的贡献也会产生冲突，如使用螺丝钉比黏合剂更持久，因为螺丝的化学稳定性和耐热性更好，但是螺丝在回收时需要拆解，回收成本较高。Apple 公司出于环保的考虑在数据线上采用了不含卤素的 TPE（热塑性弹性体）线材，

---

① 孙喜保：《每年两亿报废电器浪费惊人》，《工人日报》2015 年 7 月 8 日第 7 版。

② 马驰、荆峥：《我国基于 EPR 电子废弃物回收体系建立的思考》，《经济论坛》2011 年第 1 期。

③ Ylä-Mella Jenni, Keiski, R. L., Pongrácz, E., "Electronic Waste Recovery in Finland: Consumers' Perceptions towards Recycling and Re-Use of Mobile Phones", *Waste Management*, No. 45, 2015, p. 375.

相比普遍使用的 PVC（聚氯乙烯），这种材料柔软、高弹性、环保无毒安全，易于回收利用，在安全环保性上具有显著的优势。不过，TPE 线材很轻很软，在强度和耐久性上无法与 PVC 线材相比①。再如，镍氢（NiMH）电池比镍镉（NiCd）电池更具环保性，易回收，但镍氢电池可反复充电的次数少于镍镉电池。

考虑到可持续发展的要求和闭环供应链（Closed Loop Supply Chain，CLSC）的整体减排效果，企业应从产品设计开发阶段系统地考虑原材料选用、生产、使用、回收、再制造和资源利用等各个环节对资源环境造成的影响，推动有害物质替代与减量化、可拆解设计、可再制造设计和绿色材料选用等关键技术的研发和应用。由此可知，面向低碳、回收、减排的产品设计是未来创新研发的重要目标，生产商必须与其研发供应方进行协同合作。

在环境和资源保护方面的立法中，欧盟广泛采用生产商延伸责任制（Extended Producer Responsibility，EPR）和污染者付费原则，尽量促进环境外部性内部化②。这些标准不仅约束欧盟国家企业，甚至将产品出口到欧盟的某种零部件企业也要为自己生产的产品承担相应责任。而日本、美国、韩国、新加坡等也都制定了相应的法律法规。相比之下，我国虽然每年产生大量的化工、电子废弃物，但是对于废旧产品回收的碳排放关注度不够，没有纳入闭环供应链的减排目标。我国广东贵屿和浙江台州都已经成为世界知名的"电子垃圾场"，主要从事地下作坊式的非正式废弃电子产品回收，至

① Apple Inc．，http：//www.reddit.com/r/apple/comments/2f092z/hopefully_my_last_lightning_cable/，June，2015．

② Gui，Luyi，et al．，"Efficient Implementation of Collective Extended Producer Responsibility Legislation"，*Management Science*，Vol. 62，No. 4，2015，pp. 1098 – 1123．

今已发展成回收、拆解、再加工到销售的完整产业链，但与此同时这些城镇污水横流、气味难闻，对环境造成了不可逆转的损害①。我国于2011年1月1日起实施了《废弃电器电子产品回收处理管理条例》，建立了由生产商缴纳的废弃电器电子产品处理基金。直至2016年4月，工信部等四部委向社会公示了电子电器产品EPR制度首批试点企业名单，引导制造企业建立产品全生命周期EPR管理体系，鼓励开展协同创新②。因此，有必要从运营管理的角度研究政府如何具体实施各项制度以及企业如何进行应对决策。

三　不完全信息的存在

从供应链中信息链的角度看，上下游企业之间研发合作的目的之一是掌握更多的信息资源来帮助企业进行决策。比如，接近销售市场的零售商比供应商拥有更准确的市场需求预测信息，有助于供应商制定合理的生产决策；同时，消费者需求的多样化可以被反馈到上级供应商以进行新产品研发。另外，研发方比委托方更了解零部件中使用的新材料和新技术的相关信息，对产品的升级有至关重要的作用。然而实践中，完全信息共享几乎是不可能的，企业出于自身利益最大化的考虑始终存在着信息不对称的现象。

一方面，私有信息在签约之前难以被观测。供应链上的参与者

① Chi, Xinwen, Mark Y. L. Wang and Markus A. Reuter, "E-Waste Collection Channels and Household Recycling Behaviors in Taizhou of China", *Journal of Cleaner Production*, No. 80, 2014, pp. 87 – 95.

② 科技部：《关于公布电器电子产品生产者责任延伸首批试点名单的通知》，http://www. most. gov. cn/tztg/201604/t20160405_124993. htm，2016年4月5日。

作为理性人会追求自身利益最大化，拥有优势信息的研发方基于自身利益考虑可能会隐瞒自身真实的成本信息、技术水平等，甚至传递虚假信息。供应商和生产商都希望自己能从合作中获得最大利益而付出最少成本，从而导致研发联盟成员在研发目标、研发投入、市场开发、收益分配等方面出现决策差异。尤其在药品、高科技产品的创新研发中，研发方对新材料、技术的使用和研发努力程度很难被观测。因此，作为供应链核心企业，生产商会选择各种形式的合作以获取更多的信息资源，从而降低产品成功上市的风险。同时，依靠大数据收集到的市场端信息，也成为供应链合作伙伴想要获得的重要信息。信息的不对称在合作伙伴之间会产生信任危机。在合作中各方面信息和知识的交流共享程度是合作创新成败的关键因素。例如，富士康是苹果公司最大的电子产品合同生产商，其生产过程中的社会责任（Social Responsibility）问题一度引起国际社会的极大关注，也使苹果公司品牌声誉受到损害。2012 年，苹果公司决定利用自身技术条件和富士康合作改进中国工厂的生产条件，共同承担企业的社会责任成本。

另一方面，研发创新结果具有不确定性。尽管研发合作中参与各方已经订立了全面严格的契约，对研发项目的目标、计划、付款条件、违约责任进行明确的界定，但由于研发项目本身的不确定性，研发结果往往无法准确预测，因而无法写进契约中。为了保证研发产品的竞争力，研发合作中都希望对方能最大限度地进行研发投入，而自身尽可能地降低成本。据统计，一项产品生产成本的80％在产品研发阶段已经确定，因而企业在进行新产品研发时更注重其供应商的成本信息，来自 Copeland 公司的运营总监指出，降低原材料和零部件成本的最好方法是利用供应商的经验和真实的成本信息在设计过程中进行产品改进。

第二节 问题的提出

一 研究范围的界定

（一）合作研发的内容

合作研发是指企业、科研院所、高等院校、行业基金会和政府等组织机构，为了克服研发中的高额投入和不确定性、规避风险、缩短产品的研发周期、应对紧急事件的威胁、节约交易成本而组成的研发方式。它以合作创新为目的，以组织成员的共同利益为基础，以优势资源互补为前提，通过契约或者隐形契约的约束联合行动而自愿形成研发组织体。

本书研究立足于新产品生产商，研究对象是生产商与上游供应商（或研发方）之间的合作研发契约设计。合作方式包括两种：一种是供应商向生产商提供关键技术、低碳部件等的技术型合作，另一种是资金雄厚的供应商向有资金约束的生产商提供研发资金的融资型合作。本书将提供关键技术和零部件的供应商、研发合作伙伴、研发供应商统一表述为研发方。

（二）不完全信息与不对称信息

不完全信息即信息不充分，不仅包括绝对意义上的不充分，即由于认识能力的局限人们无法获得完全的信息，人们不可能知道在任何时候、任何地方已经发生或将要发生的任何情况；也包括相对意义上的不充分，即市场本身不能够生产出足够的信息并有效地配置它们。不对称信息是不完全信息的一种特殊情况，主要指在两个人或多个人之间存在掌握信息的差异，体现的是人与人之间的不对称，是人与人之间信息分配的关系。信息不完全则体现的是人与特定市场环境的关系。

创新研发过程中研发结果的不确定、产品市场的不确定都体现了信息的不完全性。同时，在研发方和生产商之间还存在着信息不对称的现象，比如研发成本系数、低碳研发技术水平可以视作研发方的私有信息，新产品市场价格信息可以作为生产商的私有信息。

（三）契约机制

本书探讨的契约机制主要是在供应链上游供应商和生产商的合作研发中，采用不完全契约理论和委托代理理论，对不对称信息进行甄别，对不完全信息进行更新，并对双方的努力进行激励，实现利润最大化的目标。

二　研究问题的提出

基于上述对现有理论政策、生产实践及经济环境因素的背景分析，本书从以下四个方面提出了拟解决的问题。

第一，生产商在选择合作研发伙伴时，作为供应链的领导者，应如何通过契约激励机制对拥有私有信息的研发方进行甄别。

根据信息经济学和博弈论的相关理论，不对称信息主要构成逆向选择和道德风险两类问题[①]。在合作研发的过程中同样存在上述两类风险，首先在创新产品研发契约签订之时，研发方有隐藏自己真实能力水平和碳排放信息的逆向选择问题。其次，在签订契约之

---

① 张维迎：《博弈论与信息经济学》，上海人民出版社 2004 年版，第 235 页。

后，研发方的努力行为不可观察，其有不遵守约定、偷工减料的道德风险问题。因此，生产商要通过契约机制的设定来激励研发方透露真实的信息。

第二，契约条款签订和实施的时间对研发合作双方的决策有影响，当存在不确定信息时，博弈的领导者应该选择在何时给出契约条款，在多阶段中是否进行契约更新，以及如何更新决策变量。

在研发合作中，存在努力水平这种只能被一方观察到的变量。完全契约下的最优契约并不是最佳的，因为完全契约理论在最大程度上明确规定未来所有状态下各方的责任，在这个意义上契约是完全的，将来各方不需要对契约修正或重新协商。这与实际的研发过程并不相符。在现实中有许多因素不能明确写进合同中，尤其是在多阶段研发契约中，双方很难在最初的契约中对所有的研发结果和责任做出规定。

在契约设计中将时间作为一个参考系受到量子力学理论的启发。量子力学的波迭加理论告诉我们：事物处在变化过程中，假若它可能有两种状态 a 或者 b（波迭加），但是一旦在某一点对其进行观察，它就被确定称为 a 或者 b（塌缩）①。这个观察的动作来自人的意识，因此从哲学角度看，从不确定的状态变成确定状态，一定要有意识地参与。联系本书的研究，在多阶段的研发合作中，生产商对于研发方的技术水平和努力程度都不确定，但如果生产商要对研发部件的结果进行阶段性的测量，在这个观测点后，生产商就会根据检查结果判断研发方的类型，同时研发方会逆向推算出使其

———————
① ［德］H. 赖欣巴哈：《量子力学的哲学基础》，侯德彭译，商务印书馆 2015 年版，第 78 页。

利润最大化的努力水平。所以，契约签订和实施的时间节点是运营管理中值得深入研究的问题。

第三，在新产品市场需求不确定的情景下，如何构建金融机构和有资金约束的生产商之间的供应链融资契约模型，使得双方利润最大化，并降低供应商的融资风险。

生产商（尤其是中小型企业）在关键部件采购、生产线更新、市场销售推广等过程中都需要投入大量资金，通常需要向金融机构贷款解决资金链问题。由于缺乏抵押资产，中小企业面临融资难的问题。从供应商的角度分析，其对创新产品的市场价值很难做出准确判断，而生产商却能掌握更准确的产品价格和需求信息，因而形成了产品价格的不对称信息。

第四，当研发方参与废弃产品回收过程的闭环供应链时，其在研发和回收阶段的努力能否被更好地激励，不对称信息对契约双方利润和减排效果会产生什么影响。

考虑废弃产品的回收问题，在生产商延伸责任制度下，生产商有充分的动力激励研发方加入低碳回收过程，并以低碳回收为目标对产品及零部件进行设计研发。这时，生产商要在信息不对称的情景下，根据双方在不同阶段的谈判能力，设计合理的激励机制；而研发方也要根据自身掌握的信息和所达成的契约，决策其在两个阶段的努力水平。

第三节　主要内容

在新的经济形态下，低碳环境下的供应链协调优化研究具有重要的理论和实践意义。本书将对供应链上下游企业在低碳研发阶段的合作机制进行研究，从下游产品市场需求信息的不对称和上游研发方技术水平信息的不对称两个方面，探讨不对称信息对供应链合作伙伴在项目融资、低碳研发、市场推广及废弃产品回收等方面决策的影响。在研究生产商和研发方之间的博弈关系的基础上，本书通过契约设计来激励研发方参与废弃产品的回收过程，同时确定最优的努力投入。

本书共分为七章，具体内容如下。

第一章是绪论。本章首先阐述了不对称信息下的契约机制和低碳研发设计的研究背景与研究意义。其次，分析了在现实背景下值得深入研究的主要问题，并引导出本书主要内容。最后，对本书的研究思路和研究框架进行说明，并归纳出本书的主要创新工作。

第二章是相关文献的综述。对与本书研究相关的文献进行分类综述，主要包括：合作创新研发相关的研究，包括合作研发模式及低碳合作研发；不对称信息下的契约理论研究，主要针对契约协调、研发合作契约设计；供应链融资的相关研究；闭环供应链下的契约设计以及基于 EPR 制度的低碳回收相关研究。最后，针对已有文献进行评述，从而指出本书研究的切入点，为后续章节的研究做好铺垫。

第三章是考虑研发成本信息不对称的合作研发方选择的甄别契约研究。本章首先要解决的基本问题是：在新产品的重要技术模块研发外包时，生产商如何通过契约选择和甄别研发方。针对研发方成本信息无法事前了解的逆向选择问题，以及创新研发项目成功的不确定性问题，本章采用委托代理理论，为生产商设计了甄别契约，诱使研发方透露自己的真实成本信息。同时，在契约模型中加入创新研发成功的概率因素和技术成果转化后的市场收益分成，以激励研发方做出最优努力。在本章的最后，分析契约性质并采用数值算例对研究结果进行验证。

第四章是基于 EPR 的两阶段合作研发契约机制研究。本章将研究进一步扩展到低碳经济的背景下，在合作研发的同时考虑废弃产品的回收问题。在由生产商和研发方组成的两阶段闭环供应链体系中，考察实施 EPR 对产品低碳研发设计的激励作用及对废弃电子产品回收的减排效果。以生产商作为领导者，设计了预先承诺收益分配比例模型和延迟承诺模型，并给出两种模型的最优契约决策。在两种模型下探讨了研发方的低碳研发技术水平、碳税税率、双方在回收减排中的重要度对契约决策和回收减排的影响。

第五章分析了不对称信息下考虑绿色回收的两阶段合作研发契约更新机制。本章对前文的甄别契约进行进一步探讨。将研发方参与的闭环供应链系统分为研发生产和市场回收两个阶段，生产商无法预先获得研发方低碳研发技术水平的信息，因此在研发阶段结束后，会提供一个更新契约的机会，研发方选择接受或拒绝这个更新的契约。在以生产商为领导者的两阶段 Stackelberg 博弈过程中，设立了包含预先支付、里程支付和收益共享参数的甄别契约更新机制。研究结果分区间给出了生产商在两阶段的最优契约和不同类型研发方的最优契约选择和减排投入最优决策。最后，讨论了各参数和不确定因素对双方利润、减排效果的影响，并提出了可借鉴的管理经验。

第六章分析了不对称信息下供应商参与合作融资的契约设计。考虑当生产商在进行新产品研发时受到资金约束，向其研发合作供应商进行供应链内部借贷的运营和融资问题。由于创新研发结果的不确定、原材料价格波动，以及市场需求随机因素较大，新产品的市场价格和项目预期收益对供应商而言是不对称信息。因此，本章以供应商为博弈的领导者，以利润最大化和降低供应链融资风险为目标，构建了包含可变利率和固定支付两个条款的甄别契约机制和混同契约机制。进一步，对比分析了在两种合作融资契约下，价格波动幅度、价格类型比例、市场规模等因素的变化对双方决策和利润的影响。研究结果为不完全信息下的供应链上下游企业间的融资契约设计提供了理论依据。

第七章是总结与展望。在总结主要研究内容的基础上，阐述了主要研究结果，指出了研究的局限性，对尚未涉及、有待进一步扩展和完善的研究方向以及研究内容进行了展望。

第四节　创新和意义

一　创新点

在创新研发合作过程中，知识更新速度的加快和不对称信息的存在使得研发结果具有不确定风险，增加了供应链生产商和研发方之间的逆向选择和道德风险，同时也增加了创新项目整体的市场风险。无论是交易成本理论，还是契约理论（激励机制）都认为合同是限制机会主义行为、降低风险的有效手段，是供应链各节点企业间相互信任合作的基础和前提。本书从创新型生产商的视角出发，针对生产商和合作伙伴之间的信息不对称引发的选择和激励问题，研究了不对称信息下的甄别契约机制。同时，从产品全生命周期的角度，将研发方纳入闭环供应链，设计了供应链上下游企业间责任共担、利益共享的激励契约。

本书主要的创新点总结如下。

第一，针对供应链上游的逆向选择、道德风险和研发风险问题设计了研发合作的甄别契约，并进一步研究了两阶段的甄别契约更新机制。

已有关于研发方和生产商的合作研发研究大多关注合作成本共担和收益共享等合同设计方面，而对不对称信息引发的逆向选择和道德风险的研究也类似于零售商与供应商、生产商与代理商之间信息不对称的研究模式，缺少对创新研发特点和风险性的剖析。在面对研发方逆向选择问题时，本书第三章将研发成功的概率要素写进合同，为生产商设计了一个菜单式的甄别契约。然而，在合作过程中还有其他不确定因素，比如研发方签约后的努力行动是生产商无法观测的，双方在签订合作契约之后，研发方仍然可能出现偷工减料、"搭便车"等道德风险。因而，依据生物制药产品和高科技产品创新中的多阶段谈判，在第五章对不对称信息下的甄别契约做了两阶段的更新机制设计，从而更大程度地激励研发方努力投入，为生产商如何选择创新研发合作伙伴提供了理论支持。

第二，将研发方纳入废弃产品回收闭环供应链中，从产品源头激励研发方进行以回收减排为目标的低碳研发设计。

在闭环供应链的研究中，国内外学者较多集中于从运营和环境视角研究生产商与下游零售商在面对废弃产品的回收契约设计、废弃产品回收再制造问题。而创新产品关键部件的研发和原材料的使用对后期回收有直接影响，因此，在世界各国普遍实施废弃电子产品 EPR 的现实背景下，本书提出研发方应参与闭环系统的回收过程（见图 1-1）。实际上，当生产商要承担产品回收处理的环境成本时，它们有更多的动机去甄别并激励其合作伙伴进行低碳研发，以获得更易回收和对环境污染更少的产品。同时，研发方最终要承担其研发部件的回收处理，因而要决策在研发和回收两个阶段的努力投入，这在一定程度上有利于减少不对称信息引发的道德风险。

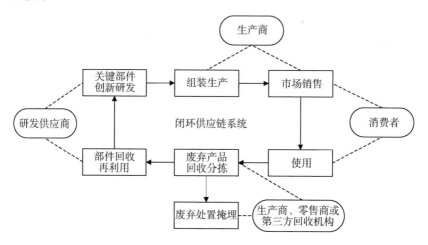

图 1-1　研发方参与低碳闭环供应链系统

第三，考虑供应链资金约束和创新产品市场风险的融资契约设计。

资金链对于一个创新研发项目至关重要。近年来，供应链金融成为运营管理领域的研究热点之一，但已有的文献大多基于信息对称背景下研究供应链企业之间的抵押、担保等信用融资问题。而实践中，一方面供应链上游企业对创新产品的市场价格无法预测，另一方面生产商本身面临研发失败、市场需求不确定的情况，当市场需求无法实现而生产商面临破产处境时，供应商希望有更高价值的产品抵消部分贷款。因此，本书在市场需求不确定且创新产品的市场价格为私有信息的情景下，为供应链企业设计了信用融资契约机制，使供应商和生产商在关键部件和资金两个方面进行合作，帮助生产商在不同类型契约下做出最优订货量的决策。

二 研究意义

对供应链上下游企业合作机制的研究是当前供应链管理研究的热点问题。传统的供应链协调问题更多地关注于生产商、批发商和零售商组成的供应链下游的渠道、协调，但随着低碳创新思想的驱动，对供应商（研发方）和生产商组成的上游企业间合作机制的研究成为供应链管理的关键问题。在信息经济时代，企业的成本构成、盈利模式、竞争规则和运营方式等均发生了变化，全球企业都面临着信息不对称、产品创新、碳约束及消费者低碳偏好等引发的新问题。本书选题属于学术界和理论界需要密切关注的重点问题，具有重要的理论价值和实践意义。

本书的理论意义在于，从合作研发的角度研究了不对称信息下的最优激励契约，丰富了契约理论（Contract Theory）的内容。2016年诺贝尔经济学奖获得者 Bengt Holmstrom 和 Oliver Hart 分别提出了完全契约和不完全契约理论，契约理论可以看作博弈论在信息经济学中的应用。本书在不完全契约的框架下，针对合作研发过程中存在的创新结果不确定性、市场价格波动、研发努力投入不可观察及存在私有信息的情景下，探讨如何设计有效的甄别契约及激励机制。因此，对进一步丰富委托代理理论、激励机制及不完全契约理论有重要意义。

本书的实践意义在于，随着科技更新加快和产品市场竞争加剧，消费者更加关注产品的低碳性及废弃产品的回收处理问题。因此，本书在新产品合作研发中，考虑了不对称信息和消费者低碳偏好等特性，通过契约激励机制设计，为供应链合作伙伴之间的最优决策提供了实践指导。同时，从供应链结构上探讨了供应商参与回收减排的闭环供应链系统，将减排回收纳入合作研发的目标中，补充了低碳经济背景下企业运营和融资管理的决策依据，使企业间合作机制的研究更具科学性和实践性。本书的研究也对我国政府正在开展的 EPR 政策的具体实施有一定的指导作用，对完善政府环境补贴政策和检查监督机制具有实践意义。

第二章　相关理论依据

在不同的信息不对称情景下，需要研究合作研发中的供应商选择契约设计、融资和以低碳回收为目标的研发合作激励机制。本章对相关文献的综述主要从合作研发、不对称信息下契约设计、供应链融资、闭环供应链管理四个方面展开，为后续章节的研究提供理论依据。

第一节　合作研发的相关研究

从 20 世纪初熊彼特提出创新的概念以来，创新逐渐成为重要的研究领域。但当时创新主要集中在企业内部，比如 AT&T 的贝尔实验室、施乐的帕洛阿尔托研究中心等，这些实验室在当时为企业创造了许多新技术。到 80 年代，企业逐渐意识到外部资源对企业创新的重要性，开始与外部组织进行合作。合作研发常以合作伙伴的共同利益和风险分担为前提，进行资源共享或优势互补，并有明确的合作目标、期限和规则，要求合作各方在技术创新的全过程或某些环节共同投入、共同参与、共享成果、共担风险。高效率的技术创新不仅能帮助企业创造持续竞争力，快速抢占新兴市场，获得稀缺性资源，而且在消费市场上凭借产品的性能与价值的提升，获得更高的品牌认知度和市场份额。

国内外学者对于合作研发内涵的界定并不完全一致。发达国家对企业在产品市场上的垄断和共谋勾结行为有严格的限制，鼓励企业进行研发合作，因而国外的研究中主要采用合作研发（R&D Cooperation）、合作研究（Cooperative Research）、技术联盟（Technical Alliance）、研究伙伴（Research Partnership）的概念。而我国普遍使用合作创新这一概念。同样，对合作研发的界定在学术界没有统一的结论，各国学者根据研究的角度和目的不同，对合作研发进行了不同的界定，见表2-1。

表2-1　　　　　　　　　不同学者对合作研发的界定

学者	对合作研发的界定
Kamien 等（1992）	其本质是基于分工的一系列创新活动，在创新过程中如果某一阶段中存在着其他创新行为主体的参与
Fusfled 和 Haklisch（1985）	指企业为共同研发目的而形成的一种契约合作形式
Mattesich 和 Monsey（1992）	一个包括机会识别、创意产生、解决问题、新产品应用和技术扩散等步骤的过程
Katz 等（1996）	参与企业建立共同研究室，在合作之前通过协议确定研究成本和研发成果的分配方式
Fritsch 和 Lukas（2001）	只要在创新过程中的某一阶段有其他行为主体参与，就可以认为是合作创新
傅家骥（1998）	企业之间或企业和科研机构、高等院校的联合创新性行为
刘学和庄乾志（1998）	创新参与者的经济行为相互独立，依照各自的优势分担创新过程中不同阶段所需要投入的资源，以契约为基础分摊风险，分享收益的合作过程

合作研发的企业组织形式有多种，常用的合作研发组织模式类

型可归纳为：股权合作研发组织，主要指合资研究企业（Research Joint Venture，RJV），目标是联合利润最大化；对外委托型，主要形式有研发招标和研发外包；其他非股权型组织方式，主要包括交叉许可协议（Cross Licensing Agreement）、研发联盟（R&D Alliance）等（武丹和郁义鸿，2006）。本章主要考虑了企业研发技术外包和研发合作联盟两种形式，主要范畴是供应链上下游企业间的创新研发合作，因此接下来将从供应链合作模式、供应商参与合作创新以及低碳研发合作三个方面进行分述。

一　供应链合作研发模式

从供应链角度分析合作研发模式，即横向合作研发（Horizontal R&D Cooperation）和纵向合作研发（Vertaical R&D Cooperation）两种模式。其中，横向合作研发指企业与其竞争对手的合作研发。D'Aspremont 和 Jacquemin（1988）提出了横向合作研发理论的框架基础，研究了企业同质情况下的双寡头两阶段竞争模型（AJ 模型），讨论了三种研发策略对研发效果、企业利润和社会福利等的影响，分析和总结了技术溢出率的变化对研发结果的影响。AJ 模型给出了横向合作研发理论的框架基础，然而该模型仅讨论了子博弈完美均衡结果，忽略了很多影响企业合作研发的重要因素。Kamien 和 Zang（2000）以 AJ 模型为基础，对同行企业间的合作研发模型进行了重大改进，提出了"有效研发成果"的概念。他们认为，企业的研究成果不仅包括自己的研发成果，还包括对手溢出的研发成果，通过建立三阶段寡头竞争模型，讨论了技术溢出水平对企业技术研发策略、研发路径以及利润的影响。

考虑到创新研发存在的不确定性，孙彩虹等（2009）通过建立半合作创新模式下的不对称双寡头博弈模型，探讨了不对称性（包括初始成本、创新率、溢出水平）对企业的研发投入、产量、利润以及社会福利水平的影响。研究结果表明，具有初始成本优势企业的研发投入、产量和利润较高，而具有创新率优势的企业的研发投入和产量较高，但利润大小与溢出水平有关。

随着供应链之间的竞争激励，许多实证研究发现供应链上下游企业之间的纵向合作对研发创新有重要作用。Banerjee 和 Lin（2001）首次提出了纵向 RJV 模型，研究了在一个上游企业和多个下游企业组成的纵向产业体系中，在上游企业联合下游企业组建 RJV 策略的情况下不同的成本分担方式对 RJV 规模和社会福利的影响。此外，刘志迎、李芹芹（2012）基于一个上游供应商和一个下游生产商的两层产业结构，分析比较了下游企业进行技术创新时双方在合作创新和非合作创新博弈下的选择策略及利润函数。研究结果表明，合作创新是一种双赢的策略，同时也使产业链系统达到有效帕累托最优。

在双寡头竞争的背景下，Ishii（2004）建立了由两个上游供应商和两个下游生产商构成的双寡头合作研发模型，在假设存在横向和纵向技术溢出效应的条件下，研究了纵向 RJV 对技术研发的影响。结果显示，在溢出水平较低的情况下，纵向研发卡特尔比非合作研发行为能带来更高的社会福利。与 Ishii 关注供应链整体利润和社会福利不同，Ge 等（2014）从单个企业的角度分析了增加知识溢出对企业利润的影响，其研究发现在先进行知识溢出再进行卡特尔合作的方式下企业能获得更多利润。

陈宇科等（2010）进一步探讨了当上游企业的研发成本分担比

例一定时，成员企业的联盟策略，研究发现合作联盟策略可以提高合作创新联盟企业的利润，而且下游非成员企业也会从中受益。邹艳等（2011）研究了三级供应链中，中游企业的技术研发策略对技术研发效果和整个产业链体系利润函数的影响。结果表明，中游企业的研发活动能够增加供应链上各级企业的利润，同时，相对于独立研发策略，中游企业的合作研发策略，可以获得更优的研发效果以及更高的供应链利润。

二 供应商参与的创新研发

在纵向研发合作中供应商参与合作创新的研究逐渐引起学者的关注，Tsai 和 Hsieh（2009）的研究表明，与下游企业的联合可以使企业直接受益于快速的市场消费者需求信息获取，Bendoly 等（2012）得出相似的研究结果，认为同上游供应商进行合作创新，可以帮助企业获取高质量的原材料并降低生产成本。

供应商参与合作创新主要有以下三种形式（叶飞等，2006）。

（1）外包模式（Original Equipment Manufacture，OEM）：由生产商提出产品设计方案，然后根据实际开发情况的需要将一部分生产任务交给供应商。这种情况下的合作供应商和生产商之间的交互程度较低，合作契约只对产品外观、质量、交货日期等进行规定，供应商不会参与到产品的开发过程。

（2）辅助模式（Original Design Manufacture，ODM）：供应商会通过自身对技术层面、市场需求层面的了解，向生产商提供意见和建议，帮助生产商更高质量地完成新产品开发。

（3）联盟模式（Original Brand Manufacuture，OBM）：供应商

和生产商形成合作同盟，一般在产品概念阶段就参与，通常是一些关键部件或系统的开发。供应商参与产品开发和设计，共同分享信息和知识，在新产品推向市场之后仍继续保持合作关系。这种模式下双方的交互程度最高。

在供应商参与研发合作的利润分配方面，Gupta 和 Weerawat（2006）对由供应商和生产商组成的二级供应链的协作问题进行了研究，二者协商确定收益分配比例，从而决策其投入水平。Çanakoğlu 和 Bilgic（2007）在两阶段的无线通信供应链系统中，提出根据合作成员的技术投入比例分配收益，并得到了 Nash 均衡解。

在考虑合作研发双边投资方面，Gilbert 和 Cvsa（2003）研究了生产商通过一个价格承诺机制激励供应商进行研发投入的情况。在对投资激励的进一步研究中，Plambech 和 Taylor（2007）假设在一个企业和一个供应商的研发合作中，企业对创新研发进行投资，而供应商对生产能力进行投资，由于在它们的模型里供应数量是可以被证实的，不存在不确定性风险，因此承诺数量机制可以保证一阶最优产出。此后，Taylor 和 Plambech（2007）又对比了价格承诺和价格—数量联合承诺机制，研究发现当生产成本较低时，买方应选择承诺采购数量而不是单一的价格承诺，相反，生产成本较高时，买方只需承诺单位商品的采购价格。研发合作使得供应商和生产商关注各自的研发优势，却忽略了技术不确定性对公司决策的影响。

三 低碳合作研发

在低碳背景下，各国政府及企业积极探讨减排的解决方案，已有 12 个国家和地区立法，要求其企业实现碳标签制度。通过低碳产品认证，消费者能够放心选择购买，从而推动企业提高减排技术，开发低碳创新产品。Schultz 和 Willianson（2005）针对不同企业讨论了应对全球气候变暖的相关政策以及气候变化对企业决策的直接潜在影响。尽管他们的研究指出了碳减排对企业竞争的重要性，但并没有具体研究如何在企业决策和运营中考虑碳排放问题。

在对当前供应链管理研究现状进行综述的基础上，陈剑（2012）指出低碳时代供应链管理值得重点关注的几个方向，其中包括引入碳交易市场的供应链运作优化以及低碳供应链上不同利益主体之间的协调与优化等。Banjaafar 等（2013）在不同的碳排放限制政策下，以成本最小化为目标，探究了供应链企业间联合减排对成员间运营成本和碳排放的影响，并且提出激励合作减排的策略。

实践中企业的低碳研发会影响到市场需求，具有低碳偏好的消费者更愿意购买低碳产品。Laroche 等（2001）的研究表明，随着环保意识的增强，消费者愿意为环保产品支付更高的价格。Plambeck（2012）通过实证研究发现公司自愿披露产品碳排放信息能增加消费者信任和市场份额。Du 等（2013）在考虑公平偏好和社会总福利的情景下，通过建立供应链上下游的博弈过程，研究了政府制定的碳排放限制政策对排放权的供应方和需求方运营决策的影响。

在低碳产品的合作研发文献中，张汉江等（2015）的研究与本研究较为相关，他们的研究考虑了政府征收碳税的纵向供应链最优减排问题。在由一个生产商和一个供应商组成的供应链体系中，他们对比了供应链无减排研发、单独减排研发以及合作减排研发三种模型。结果发现，供应链合作研发的最优减排量大于单独研发的最优减排量，且最优减排量与研发成本系数成负向关系；市场的低碳敏感系数有助于促进碳排放量的减少，但文章假设合作双方是信息对称的。

赵道致等（2016）认为产品减排投资是一个持续的过程，因此考虑减排对需求的影响以及企业减排行为存在跨期效应，引入时间因素，探讨了由单个供应商和单个生产商组成的两级供应链中纵向合作减排的动态策略问题。其研究假设需求是产品碳减排量的线性增函数，分别研究了供应商为主导的 Stackelberg 博弈和生产商与供应商纵向合作减排的情形，结论指出合作减排能提高产品的减排量，实现供应链协调。

第二节　不对称信息下契约设计

一　不对称信息下的契约协调研究

信息不对称是指信息在交易双方之间的不均匀分布。信息经济学是不对称信息博弈论在经济学上的应用，研究的是不对称信息情况下的最优交易契约，因此又被称为契约理论或机制设计理论。从不对称发生的时间来看，发生在签约之前的被称作事前不对称，这类博弈模型被称为逆向选择模型；发生在签约之后的是事后不对称，这类模型被称为道德风险。随着信息经济学的发展，Myerson（1991）提出将所有"由参与人选择错误行动而引起的问题"称为道德风险，将所有"由参与人错误报告信息引起的问题"称为逆向选择。通过基于信息经济学及交易成本理论为基础的研究，学者发展了一系列信用相关理论，如事前识别交易对方信用状况的信息甄别理论，信用状况良好的交易方如何区别自身的信号发送理论，委托人如何约束代理人保持信用的机制设计理论，因而无法获得内外部线索（Corbett and De Groote，2000）。

自 20 世纪 80 年代以来，国内外学者在信息不称下的供应链契约方面已取得丰富的研究成果。从不对称信息内容来看，主流的研究集中在成本信息不对称和需求信息不对称两方面。

首先，在成本信息不对称的研究中，Corbett 和 De Groote（2000）在零售商库存成本信息服从一定概率分布但是信息不对称情况下，研究利用数量折扣契约协调供应链，并将结果与信息对称情况进行了对比。Corbett 等（2004）分别比较了采用批发价格契约、两部线性支付契约以及两部非线性支付契约三种契约时，信息对称和信息不对称下的信息价值。庄品和赵林度（2007）也研究了批发价格契约，他们在一个包含一个供应商和两个竞争零售商的两级供应链系统中，研究了当零售商成本信息为不对称信息时，应对突发事件的批发价格契约。Ha（2001）在零售商成本信息不对称的情况下，以供应商为主导，设计了一个包含订货数量、销售价格以及转移支付数量的菜单式契约，迫使零售商揭示其真实成本信息。需要指出的是，这个菜单式契约虽然能起到信息甄别的作用，但是它带有价格限定，违反了商业法律，因此具有一定的局限性。甄别契约是指由信息劣势方提供的针对不对称信息不同水平设计的一组契约菜单，供信息优势方选择，诱使其对号入座，从而揭示出真实信息。

其次，在需求信息不对称的契约协调研究中，由于各种复杂因素的综合作用，市场需求往往是难以确定的，供应链成员通常依据已掌握的信息对市场需求进行预测。申成霖等（2010）也研究了需求信息不对称下的回购契约，此外他还研究了单一价格契约和收益共享契约对共享需求信息的作用。Burnetas 等（2007）在需求信息不对称情况下，研究了卖方主导的数量折扣契约，证明了数量折扣契约可以影响买方库存决策从而使卖方获得更大利润。Chen 和 Xiao（2009）分别采用线性数量折扣机制和批发价格机制建立了两种协调模型，并详细分析了需求扰动对供应链利润分配的影响。Gan 等（2010）研究了需求信息不对称下的罚款承诺契约（Commitment-Penalty Contracts），他们的结论指出：供应商通过承诺罚款契约可以从零售商处获得需求信息，并且这种机制可以最大化供应链的期望利润。Majumdar 和 Shaffer（2009）研究了市场需求信息不对称下的市场份额占有契约。分析表明，当一个寡头企业和一个竞争的替代性企业共同向一个零售商供应产品时，寡头企业可以通过市场份额占有契约获取更大收益。以上文献研究的都是供应商为市场需求信息劣势方的情况，但是还存在一些情况，供应商为市场需求信息优势方，例如在新产品引入的环境下，由于新产品的市场需求受到供应商广告投入、零售价格以及市场情况的影响，因此需求为供应商的私有信息。

另外，还有一些文献从其他角度研究了不对称信息的情况。Martimort 等（2010）在发明者创意价值信息不对称情形下，研究了拥有信息优势的发明者和努力提高利润的开发者之间的许可契约设计问题。Etro 和 Cella（2013）研究了产能为不对称信息情况下的研发激励契约。李善良和朱道立（2006）在零售商的促销努力对市场需求有重大影响的背景下，研究了努力行为信息不对称情况下的线性激励契约。Yehezkel（2014）研究了契约设计在供应链质量管理方面的应用，在供应商产品质量信息不对称情况下，激励供应商采取质量检测。Shamir（2013）在一个包含单个供应商和单个生产商的两阶段重复采购系统中，研究了需求预测信息不对称情况下，重复交互以及不同需求预测信息获取途径选择对供应商契约制定的影响。作者指出，在重复采购过程中，需求预测信息有两种获取途径，一是通过建立甄别契约，二是通过观测第一阶段结束时的需求实现。曹柬等（2013）针对采购环节原材料绿色度隐匿的逆向选择问题，分别探讨了一次转移支付和线性分成支付契约，研究表明基于线性分成支付的次优契约能有效实现供应商的类型甄别和高效激励。

二 不对称信息下的合作研发契约

针对研发合作中的不对称信息问题，诸多学者进行了广泛的研究。在道德风险和逆向选择同时存在的假设下，许多学者将许可证模型进一步扩展，在预先支付、里程支付、版权支付和年度支付四种不同契约内容下进行了研究，发现版权支付在一定程度上能减弱道德风险问题。

诸多学者采用委托代理理论来解决最优契约设计问题。Iyer 等（2005）初次使用甄别契约研究了汽车研发制造中的双边道德风险问题，之后 Kaya 和 Özer（2009）在对成本信息不对称和质量不确定的外包契约进行研究时也采用了类似的契约，但是后者没有考虑双边道德风险问题。Armstrong 和 Rochet（1999）将产品的多样性要求引入对供应链上游的激励约束，因为低水平的代理商有伪装成高水平代理商的动机。Crama 等（2008）用委托代理模型来刻画生物技术公司作为委托人识别研发方提供的药品特性这一不对称信息，研究了逆向选择和单边道德风险的问题。研究发现，随着对药品价值评估的提升，委托人对合作开发的参与度下降；当委托人具有风险规避特征时，更喜欢包含预先支付和里程支付的契约形式。同时，当只存在道德风险时，对委托人是没有损失的，只有当道德风险和逆向选择并存的时候，才会发生价值损失。进而，Crama 等（2013）继续探讨了多阶段的契约选择问题，这时多阶段的里程支付对风险规避委托人更有利。同样扩展到多阶段研发合作，Kim 和Netessine（2013）考虑供应商零部件的开发成本为私有信息，模型分为两个阶段即合作开发阶段和生产阶段，双方在第一阶段同时确定各自的合作努力水平，而高效的合作能带来单位成本的降低，在第二阶段生产商确定采购数量和批发价格来最大化自身利润。他们的研究指出，在甄别契约下供应商的边际利润被侵蚀，因而提出了期望边际利润承诺契约（Expected Margin Commitment，EMC）以保证供应商的边际利润，研究发现在 EMC 下随着合作努力的提升，生产商的订货量也会增大，并分析了成本降低以及需求变化时两种契约的适用性。

同样以生物制药合作研发为研究背景，Xiao 和 Xu（2012）研究了在研发方和销售方构成的两阶段合作中，使用版权契约对双方努力的激励和利润的影响。基于双方努力信息的不对称性，研究总结了影响版权契约的两个基本要素，即调整激励和信息泄露，因而在两阶段合作中增加了动态的契约谈判；并且，为了确定不确定信息的影响，对版权契约与第一阶段的研发产出的关联做了深入研究。Bhattacharya 等（2014）采用相似的想法，研究了里程支付契约与阶段性研发产出的关联，但是他们发现在使用期权契约并达到均衡时，无须讨价还价的过程。

三 不完全信息下的合作研发契约

不完全契约理论,即 GHM(Grossman-Hart-Moore)模型,是由格罗斯曼、哈特和莫尔等共同创立的。不完全契约是指人们的有限理性、信息的不完全及交易事项的不确定使得明晰所有的特殊权力的成本过高,从而无法达成内容完备、设计周详的契约条款(Grossman and Hart,1986)。在经济学界对于不完全契约已经有深入的研究,在 Hart 和 Moore(1988)之后的研究中,学者们探讨了影响契约性质的重要因素,比如双方真实的投入、风险规避、投资时间。

构成契约不完全的因素在创新研发背景下表现得尤为明显:事前的不可描述和事后的不可验证性都会引发合同的不完全。其一,创新过程存在太多不可描述性,比如研发方对创新所做的努力在事前不可描述;其二,创新在事后的验证上对第三方而言也存在很大的执行成本。正是由于创新研发的不确定性,许多学者发现采用收益共享和成本共担的契约机制只能得到次优解,一阶最优条件无法实现。然而,Roel 等(2010)提出如果研发参与者的努力可以被验证,则可以得到最优解。但是由于引入了监督成本,在最优解下的利润会降低。

不完全信息下的研发合作契约形式也在逐渐改进,很多学者通过改变契约内容和博弈的信息结构来研究如何提高研发合作绩效。Dechenaux 等(2009)对比了采用里程支付契约和版权支付契约时,双方努力、风险分摊以及项目搁置的变化影响。Bhaskaran 和 Krishnan(2009)针对全新产品的合作研发,提出双方可以共享收益和共摊开发成本的共享模型,并且分析了不确定性和能力水平对合作决策的影响。在上述两种契约形式的基础上,Savva 和 Scholtes (2014)提出一种可选择的契约机制,他们主要研究了一个有资金限制的小型研发方(生物科技公司)和一个大型生产商(制药公司)之间的三种研发合作方式:联合研发、许可证发放、有退出机制的联合研发(Opt-Out Option)。他们指出,联合研发会导致小型企业无力承担研发后期成本的突然提高,而基于里程支付和版权支付的许可证发放也会导致研发合作的无效产出。因此,他们刻画了一种有退出选择的联合研发机制,即有资金的小型公司在研发第一阶段结束后可以选择退出合作,而将药品许可权转让给制药公司;在第二阶段生物公司获得里程支付和版权分成,由制药公司承担后期的研发成本和不确定风险。研究表明,这种可退出的联合研发机制对小型研发方的资金短缺风险规避和项目盈利更有效果。Bhatta-charya 等(2014)有相似的研究,他们对比了基于里程支付的期权契约和买断期权契约(Buyout Option Contract),证明当代理方有部分谈判能力时,委托方采用里程支付的期权契约可以达到最优产出,并验证了其适用性。

除了对契约形式和内容的改进,有学者开始关注契约提供和签订的时间决策问题。针对高科技产业研发合作出现的技术、管理风险及激励问题,Crama 等(2016)探讨了在一个研发方和一个市场营销方之间如何通过控制权、期权以及契约签订时间几个契约要素使研发方获得更大利润。研究结果表明,在某种条件下研发方更愿意将研发控制权或买断期权交给产品营销方,研究还发现通过讨价还价、延迟签订的方法从时间角度调整契约结构对研发合作有重要影响。

第三节 供应链融资研究

在较早的公司运营管理决策中，通常把金融决策和运营决策分开独立进行；在学术研究领域，金融领域和运营管理领域研究的方法、关注点也各有不同。Modigliani 和 Miller（1958）在金融领域提出了经典了 M－M 理论。该理论认为，在完全竞争市场中，金融决策与企业的生产决策是不相关的，因而两种决策可以分离。在供应链领域研究企业的库存、订货、定价各种决策时，都假设没有资金约束。但受到资金约束、税负压力、股东成员的利益冲突以及不对称信息等影响，原来完全竞争市场的假设被打破，因此在供应链管理中有必要考虑资金约束对企业运营管理的影响。

一 融资与运营管理

金融机构融资提供的融资服务一般也被称为外部融资，其中部分文献研究了融资对企业生产库存决策的影响。Buzacott 和 Zhang（2004）首次将生产库存决策问题和融资相结合，在需求确定和不确定两种情况下，研究了基于存货资产融资的运营管理问题，结果表明通过存货资产融资，银行可以设计合理的利率以降低融资风险。在生产决策问题中，Babich 和 Sobel（2008）研究了在市场需求不确定的情况下，企业如何通过最优的生产库存决策达到融资和管理绩效的激励效果。

也有部分文献考虑资金约束下供应链协调的问题，Dada 和 Hu（2008）建立了银行和零售商之间基于 Stackelberg 博弈的线性和非线性契约模型,分析了银行如何对贷款利率进行决策,以诱使零售商选择最优的采购数量,使得银行和零售商整体最优。陈祥峰等(2008)从供应链角度研究了资金约束的零售商的融资和运营决策。考虑到零售商存在破产风险,Kouvelis 和 Zhao(2012)在银行与零售商关系中增加了一个供应商,研究了零售商受资金约束的两层供应链,分析了银行的融资服务对供应链双方的决策以及绩效的影响。Kouvelis 和 Zhao(2016)的研究结果进一步表明:融资可以为资金约束型供应链创造新价值;供应链成员以及专业金融机构的最优决策主要与资本市场的竞争程度有关。在信息共享的假设之下,Lai 等(2009)研究了零售商在流动资金不足时对生产运作模式的选择问题,发现混合模式是最佳的选择。Yan 等(2014)研究了供应链中供需双方都存在流动资金不足,需要向银行贷款的决策问题。鲁其辉等(2014)在采购融资中建立了 Stackelberg 博弈模型,研究了市场风险以及供应商的初始资金对供应链绩效和风险的影响。

随着供应链融资方式的发展,在向银行贷款的实践活动中出现了通过第三方物流企业或上下游企业进行仓单质押的融资方式,张媛媛和李建斌(2008)的研究表明当银行能够给予的抵押贷款数量较低时,企业只有在初始资金不足时才会向银行贷款,而如果给予的贷款较高时,企业可能会保留部分初始资金,凭借贷款继续追加库存。晏妮娜和孙宝文(2011)考虑了在需求不确定的环境下零售商的信用额度和破产概率,分析了不同信用额度下采用仓单质押融资的各决策者的最优策略。张义刚和唐小我(2013)研究了供应商担保下零售商向银行融资的运作策略问题。王文利等(2013)在银行风险厌恶和随机需求假设下,研究了供应链订单融资模式的最优运作策略。同样地,这些研究假定所有的决策信息都是共有的,没有涉及信息不对称的情境。陈祥锋（2016）考虑零售商向生产商采购单一品种的产品，并在市场上以一定价格销售。当零售商有资金约束时，可选择银行贷款或贸易信用融资。研究表明，在银行信用渠道下，违约成本会对运营和融资决策产生较大影响。研究指出，当生产成本较小（或较大）时，供应链融资均衡为贸易信用，违约成本不会影响融资均衡；然而，当生产成本处于中等水平时，随着违约成本的增大，贸易信用融资均衡区域不断被银行信用区域侵蚀，后者不断增大。

二　不对称信息下供应链融资研究

上述学者的研究假定信息是公共的，没有涉及信息不对称的情景。借贷市场中对信息不对称的研究最早出现在经济领域。Stiglitz 和 Weiss（1992）提出了在资本市场信贷配给中存在借贷企业不对称信息的逆向选择问题，这些不完美信息不但反映了贷款企业内部组织问题，还反映了企业所处的劳动力市场、资本市场、产品销售市场的环境。许多经济学家如 Cachon 和 Lairiviere（2001）从理论上论述了经济环境中存在信息不对称使得供应链无法达到最优均衡的现象。

但在运营管理和金融交叉领域中鲜有不对称信息下的研究。在 EOQ 框架下，Luo 和 Zhang（2012）在买方资金成本是私有信息、卖方仅仅知道一个先验分布的前提下，研究了供应链中商业信用的协调作用。研究结果发现，在对称信息情形下，商业信用可以协调供应链，但在不对称信息下商业信用不能协调供应链。与上述研究有相似的结果，窦亚芹和朱金福（2012）分析发现不对称信息下供应链内部融资的信息优势可以对供应链价值发挥更大优势。于辉等（2014）构建了银行参与的、由零售商和供应商组成的二级供应链模型，分析信息全部可信和信息部分可信两种情况下银行的最优利率问题，研究表明部分信息可信情况下银行的利率决策对供应链整体运作有显著影响。

鲁其辉等（2012）在假定供应链中关于市场信息、成员的成本与收益信息是公共的情况下，研究了上游供应商与下游厂商采用应收账款这种特定的方式来融资的行为，还指出进一步研究的方向：信息不对称情形能够为供应链金融的决策分析带来新的指导理论。正如陈祥峰等（2013）的研究所述，零售商初始资金越少，其采购量越大，融资规模越大。因此，零售商如果将自有资金、市场需求作为私有信息，银行或供应链企业是否愿意支付信息租金，这也是值得本书探索的有意义的问题。

第四节　闭环供应链管理

本书考虑废弃产品回收对研发创新的影响，因而涉及闭环供应链管理的相关问题。随着世界各国对可持续发展和循环经济的重视，闭环供应链成为近几年来国际学术界关注的重要议题。目前，对闭环供应链的研究主要集中在废旧产品回收网络、回收再制造、回收策略、产品定价、碳排放、渠道竞争和协调机制等方面（Govindan，2015）。

一　闭环供应链契约设计

关于废旧产品回收方面的问题，以下学者做了深入研究。Yadav 等（2003）通过调查与实证研究，发现闭环供应链上各成员企业可以通过协商制定协调契约，实现废旧产品回收的收益共享，从而增加各成员的利润。Guide 和 Van Wassenhove（2001）研究了废旧品回收质量为不确定情形下闭环供应链的回收策略问题。Savaskan 等（2004）从回收率的角度研究了在确定的线性需求下三种不同回收结构的定价策略和系统效率，结果发现销售商负责废旧产品回收是最有效的方式。Savaskan 和 Van Wassenhove（2006）研究了零售商之间存在竞争的情况下闭环供应链产品的最优定价决策及其相互影响。文中建立了由生产商直接从消费者手中回收废旧产品的系统和由零售商负责从消费者手中回收废旧产品的闭环供应链系统。结果发现在生产商负责废旧品回收情形下，废旧产品回收规模决定其渠道收益，废旧产品回收规模较大时，获取的渠道利润也较大，反之亦然；而在零售商负责废旧品回收情形下，零售商之间的市场竞争激烈程度决定其渠道收益。计国君和黄位旺（2012）分析了现行回收条例的要素和流程，采用两阶段序贯决策博弈模型比较分析三种不同回收处理模式下的利益相关主体的经济行为，以社会福利最大化为目标，研究了回收网络体系的建设、回收率的设定、回收产品目录的分类、处理行为的监管激励等问题。结论表明，生产商自行回收处理模式带来的社会福利最大；最有效率的回收网络体系应围绕生产商单独回收责任展开；监督激励决策矩阵对生产商责任组织是权衡环保收益和社会福利的一种有效工具。Guide 等（2006）研究了闭环供应链废旧品回收质量监控问题，给出一种目标折扣合同以激励零售商的回收努力，降低回收处理费用和提高市场销售量水平。Choi 等（2013）研究了当需求独立于价格时三种不同领导者下的闭环供应链绩效，研究发现以零售商为领导的模型绩效表现更好。Atasu 等（2013）对比了生产商回收系统和公共回收系统，研究了生产和回收成本、环境外部性对社会福利、生产商和零售商收益以及环境的影响。

以上研究虽然把回收率、市场价格和回收价格作为系统成员的决策变量处理，但均未考虑全新产品与再造品之间的价格差异问题，而现实生活中消费者往往是能够区分再造品和新产品的，同时消费者对新产品和再造品的认可程度也不一样。因此，许多学者结合实际转而对新产品与再造品存在价格差异的情形进行相关的建模研究。其中，张曙红等（2013）研究了在 EPR 制度原则下销售商负责废旧产品回收的再制造闭环供应链系统，研究了供应链定价与协调问题。聂佳佳等（2015）从政府角度考虑了碳排放政策的制定，在零售商负责回收的闭环供应链中比较分析了有无碳排放约束两种情况下零售商回收比例、供应链参与方利润、产品碳排放总量及其单位排放量的变化。研究发现：当再制造减排程度较大时，产品的零售价格和批发价格较考虑约束前更低，零售商的回收比例更大；当政府制定的碳排放奖惩系数较大时，生产商和零售商的利润都将高于无约束时的利润。Xiong 等（2013）研究了一个关键部件供应商和生产商之间的分散供应链结构，生产商同时利用废旧部件进行再制造，因此，生产商不仅仅是一个买方同时还是供应商的竞争对手。研究发现在这种情景下，相较于不进行再制造的情景双方都有损失；较低的再制造成本或较高的回收率对非整合的制造商（Non-Iintegrated Manufacturer）是不利的。研究同时指出，政府给予非整合生产商的再制造补贴对于环境可持续发展是不利的。

近年来，有关低碳减排的问题成为研究热点，Benjaafar 等（2013）将碳排放因素纳入简单的供应链系统，在碳限额与交易背景下研究了企业的采购、生产、库存和绿色技术投资决策，在此基础上，分析了供应链中企业合作对运作成本和碳排放降低的影响。鲁力和陈旭（2014）考虑了由一个供应商与一个生产商组成的二级供应链，研究不同碳排放政策（碳税、限额、限额与交易）下基于回购合同的供应链协调问题，并与无碳排放约束的情形进行比较。研究结果表明，在不同碳排放政策下，回购合同均能实现供应链协调，无碳排放约束、碳限额与交易和碳限额政策下生产商的最优订货量依次减小，而供应商给出的回购价格依次提高。Sunar 和 Plambeck（2016）首次探讨了副产品和主产品间的碳排量分配问题，他们研究了一个供应商将带有碳排放成本的主产品销售给买方，同时也向市场销售不计碳排放成本的副产品的情形。研究表明，在以价值为基础的分配方式下，对主产品征收碳税会导致碳排放的增加，因为这时供应商会降低产品价格且增加销售数量；相反，在采用社会最优选择的分配方式下，对主产品征收碳税会明显降低碳排放量，增加社会福利。

部分学者将消费者的低碳偏好行为考虑到模型中。骆瑞玲等（2014）针对单生产商和单零售商组成的供应链，考虑是否进行供应链碳减排技术投资，构建了三种博弈模型并探讨了消费者碳足迹敏感系数、碳减排成本系数对供应链成员最优决策的影响。研究发现，当消费者支付意愿依赖于碳足迹时，企业对减排技术进行投资可以获得更大的利润，实现经济与环境协调发展。同样考虑了消费者低碳偏好的还有王芹鹏和赵道致（2014），他们研究了由单个供应商与单个零售商构成的两级供应链中零售商确定最佳订货水平和供应商选择减少碳排放水平的决策问题。其采用了收益共享契约来协调两者之间的关系，并用 Rubinstein 讨价还价模型来分析分成比例在给定区间的确定问题，但没有涉及对不对称信息的研究。赵道致等（2014）将供应链模型扩展到由一个生产商和两个零售商组成的供应链系统中，研究在消费者需求受产品减排量和零售商低碳宣传努力影响的情况下三种博弈模型的比对。研究发现，一定条件下成本分担契约可以实现双方的帕累托改进，这时竞争强度的增加会使供应链系统的利润上升。熊中楷等（2014）也有类似的研究，但其还增加了由两个生产商和一个零售商组成的供应链系统，建立生产商为领导的 Stackelberg 博弈模型。Wang 等（2016）在一个生产商和一个零售商组成的供应链中，对比了成本共担契约和批发价格奖励契约对利润和减排的影响，研究发现成本共担契约在以零售商为主导和双方共同主导的情况下，都可以达到帕累托改进；然而在以零售商为主导的系统中，只有当低碳偏好较高的时候采用批发价格奖励契约才能增加供应链的利润。

二 不对称信息下的闭环供应链研究

以上文献的研究都是基于闭环供应链系统信息对称条件下的建模分析，而研究系统信息不对称的文献不多。

大部分学者围绕闭环供应链中零售商的回收成本信息是私有信息的情况下展开研究。熊中楷等（2009）探讨了在由单一生产商与单一零售商组成的闭环供应链系统中，拥有私人回收成本信息存在谎报成本的利己行为，并分析了信息对称和不对称下双方的最优定价策略和利润。他们发现在信息不对称情况下，零售商由于追求自身利润的最大化往往会夸大自己的回收成本，这种谎报行为对零售商自身有利，却损害了生产商的利润，并致使闭环供应链系统整体收益减少。同样将零售商的回收努力作为私有信息研究，Zhang 等（2014）研究了非线性的两部契约和回收努力约定契约下的均衡解。研究发现，当再制造的经济利益较小时，非线性两部契约更好地激励零售商的回收努力；反之，当再制造能带来较多经济利益时，生产商会通过回收努力约定契约提高回收率。聂佳佳和熊中楷（2009）进一步研究了各种信息分享对闭环供应链系统利润的影响，研究发现在零售商负责回收的情形下，零售商向外分享其私有预测信息会减少自身的收益，但信息分享会增加生产商负责回收下闭环供应链系统的利润。更进一步，白少布和刘洪（2011）在 EPR 制度下，仍然以零售商的销售努力为私有信息，引入产品回收对销量的贡献率和设计改进对回收利润的贡献率两个概念，设计了生产商最优激励契约。除此之外，Ma 等（2016）研究了一个合同生产商（Contract Manufacturer）向品牌零售商销售产品的两级供应链系统，合同生产商对法人社会责任进行投资来吸引消费者，但其成本信息是私有信息。文章对比了批发价格契约和两部制契约对双方利润的影响。

第五节　文献述评

以上主要针对与本书研究内容相关的已有学术成果和研究进展进行梳理和回顾。文献综述围绕一个创新研发型生产商在与合作伙伴进行研发创新时面临的资金流、信息流、逆向回收等问题，以及如何通过契约设计进行协调和激励。因此，对文献的梳理主要分为四个部分，以下对已有研究文献进行归纳并指出本书研究的立足点。

第一部分通过对合作研发定义和分类的研究综述，界定了本书的研究对象：创新产品生产商与其零部件研发方（或称研发供应商、技术承包方）。同时，已有文献对合作研发模式也有较深入的研究，主要讨论不同合作方式对合作伙伴的影响。在供应商参与的研发创新中，生产商主要关注供应商的生产能力和生产成本，双方合作多以成本共担、价格承诺、数量承诺为主要契约形式。当引入低碳产品的思想理念时，就需要考虑低碳供应链上不同利益主体之间的协调与优化、激励联合减排的问题。当前，有部分学者已经开始关注消费者低碳理念对产品需求的影响，本书既考虑了消费者低碳偏好对研发设计的影响，又考虑了不对称信息对双方决策的影响。

第二部分文献回顾围绕研发合作信息的不完整性和不对称性问题。国内外学者对信息不对称时的供应链激励机制设计已取得丰富的研究成果，指出可以通过委托代理相关模型解决逆向选择和道德风险的问题。大部分文献研究的不对称信息主要来自生产商的生产成本信息和零售商的市场需求信息，而本书的不对称信息主要来自研发方的研发成本、低碳研发技术水平。同时，由于研发创新过程具有的不确定性，无法在合作之初给出完整契约，有学者通过里程支付、版权支付、买断期权等形式对所有权和支配权进行重新分配。本书依托低碳闭环供应链的体系，选用了不同的契约形式。后续第四章基于研发努力过程的不可观测，讨论了契约签订时间的选择对双方低碳研发决策的影响，第五章在考虑研发方拥有私有信息的基础上，增加了对甄别契约两阶段的更新。

第三部分文献是关于供应链金融方面的。近十年来，融资和运营管理相结合的问题成为新的研究热点，从借贷主体看主要有银行等金融机构和供应链内部成员，贷款抵押从不动产逐渐扩展到仓单、信用证等动产。许多文献已经对企业融资对生产、库存、采购的影响做了深入研究。Buzacott 和 Zhang（2004）指出银行可以设计合理的利率以降低融资风险。然而，在运营管理和金融交叉领域中鲜有不对称信息下的研究，陈祥锋（2016）的研究表明，在银行信用渠道下，零售商违约成本会对运营和融资决策产生较大影响。在创新产品的供应链内部融资过程中，上游零部件供应商很难掌握产品的市场价格，因而对贷款方的违约成本不甚了解。在这种情景下，本书将进一步研究在创新产品市场需求不确定且产品价格信息为不对称信息时，研发方和生产商如何对融资契约进行决策。

第四部分从闭环供应链和低碳减排的角度对文献进行综述。已有研究主要集中讨论谁来负责废旧产品回收过程，以及回收网络、回收价格、再制品与原产品的定价竞争等围绕生产商和零售商、政府之间的问题，却忽略了经济活动中的所有碳排放都是因满足终端消费者的需求而产生的，是从供应商原材料到产成品全过程的累积。因此，本书将闭环回收体系向上游延伸，将零部件设计研发方纳入闭环供应链体系，讨论生产商的激励机制设计。在闭环供应链的不对称信息研究中，假设下游生产商或零售商的回收努力为私有信息的文献仅有几篇。本书讨论了研发方低碳研发设计和回收技术水平为不对称信息的情况。

综上所述，结合已有的研究基础，以下几章将对研究问题分别展开深入讨论。

第三章 不对称信息下研发合作供应商选择的甄别契约设计

在产品创新研发过程中，品牌生产商为了集中优势力量进行产品开发，往往会将某些零部件研发设计外包给专业公司完成，要求研发方在短时间内高效率地完成技术研发，再通过与发包生产企业（下文简称生产商）的共同努力将产品推向市场，因此双方之间的契约就成为生产商和研发方之间技术合作关系的约束，也是创新研发成功的基础和保障。但市场中研发方情况复杂，其真实的成本系数、能力水平、风险偏好都难以观测，这些对于生产商而言都属于不对称信息。根据委托代理理论，事前的信息不对称将导致逆向选择的问题，而逆向选择可以通过信息甄别模型（Screening Model）解决，即生产商提供多个契约供研发方选择，研发方根据自己的类型选择合适的契约，并根据合同选择提供技术服务的水平。因此，设计合理的甄别契约对于提高创新产品项目研发的成功率和双方收益都具有重要意义。

对创新产品研发外包问题的研究主要集中在外包的风险管理和契约设计两方面。Bahli 和 Rivard（2003）认为技术外包能带来显著的利润，同时也会产生不确定风险，并提出同样适用于外包、转移支付、委托代理等领域的风险评估框架。Bryson 和 Sullivan（2003）利用价值理论，定量分析了研发的价值提升，设计了考虑研发成败风险的外包激励合同。

产生研发外包风险的原因之一是信息不对称，包括签约前的信息不对称（即逆向选择）和签约后的信息不对称（即道德风险）。程平和陈艳（2012）利用委托代理理论设计了收益共享合同，以实现激励外包方努力工作的目的，不同的是前者从节约研发外包成本的角度出发，而后者是以生产商利润最大化为目标。但斌等（2010）以最大化生产商收入为目标，通过对最优收入共享激励系数、最优固定支付与知识技术产出弹性系数、研发项目的产出系数、双方的成本系数的分析，对双边道德风险下的研发外包合同参数选择与优化问题进行了探讨。

以上这些研究是围绕签约后的道德风险问题，而研发合作的逆向选择是本书研究的主要问题。已有学者在此方面做出贡献，Crama 等（2013）研究了风险规避型生物研发公司和风险中性的制药公司在信息不对称下的技术研发契约，包括预先支付、里程支付、版权支付三个要素的支付合同。Xiao 和 Xu（2012）提出在多阶段的制药产品研发中采用条件契约来替换和补充版权契约更有效。已有文献中对甄别契约的应用主要集中在市场销售环节，本章将在创新产品研发外包的研究中采用甄别契约来解决信息不对称问题。

本章采用委托代理理论，为生产商设计甄别契约，诱使研发方透露自己真实的研发成本信息。考虑到创新研发合作的不确定性，本章在契约设计中增加了创新研发成功的概率因素，并使用技术成果转化后的市场收益分成来激励研发方做出最优的努力。

通过分析不同类型成本系数的研发方在市场中所占比例和项目期望利润的关系，为创新产品研发外包中研发方的选择问题提供了理论支持。

第一节　问题描述与假设

由于创新产品的知识性、无形性、高技术性等特点以及关键技术的知识产权保护问题，在创新研发外包中的成本投入不易观测，因此产品研发成功并实现市场收益的难度较大。本章问题的描述基于某电子产品生产商，在进行新产品创新研发的过程中，该企业首先考虑可外包的技术模块，然后通过招标方式寻找合适的研发方。以往的研究表明在信息不对称的情景下，企业使用混同研发外包契约会产生两个问题：第一，无法观测到研发方真实的信息；第二，对创新研发的激励力度不够。

作为生产商要综合考虑研发方的市场信誉、技术实力、价格、服务等问题，但不同成本系数和努力程度的研发方对项目最终的成功有直接影响，因而生产商要通过收益共享激励研发方提高努力水平，降低风险。而研发方根据客户企业给出的分选契约，评估自身的成本系数和保留效用，选择接受或不接受契约。整个研发外包的过程可以分为三个阶段，如图 3 - 1 所示。

（1）第一阶段为甄别契约的设计与签订。生产商根据两种类型的研发方设计甄别契约，包括固定支付和收益共享系数两个决策变量。本章假设市场中两类研发方所占的比例是公共信息（先验概率）。研发方根据自身的成本系数类型选择相应的契约，同时若期望利润大于保留效用，则接受该契约，反之则拒绝合作。

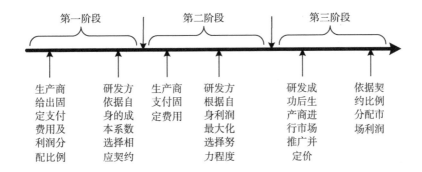

图 3 - 1 创新产品研发外包契约的时间序列

（2）第二阶段为创新研发阶段。生产商依照契约付给研发方固定的预先支付，研发方根据已签订的契约，选择努力程度完成项目。在这里只考虑一阶段的研发过程，来观察研发双方的博弈过程。

（3）第三阶段为市场销售阶段。研发项目成功后，由生产商进行产品组装及市场销售，研发方提供必要的技术服务，待产品市场价值实现后，生产商按照契约中的收益共享比例对研发方分配利润。

为构建研发外包的甄别模型，本章做了如下假设。

假设 1 研发方成本信息分类

研发方的努力成本与其努力程度 e 密切相关，研发方在第二阶段研发过程中投入的成本函数为 $C(e) = \delta e^2 / 2$，其中，δ 为研发方成本系数，该系数是企业的私有信息。因此，本章研究的不对称信息主要是指研发方的技术研发成本信息。为了更具直观性，假定研发方的成本函数系数分为低成本系数和高成本系数，令 $\delta_i \in \{\delta_1, \delta_2\}$，且有 $0 < \delta_1 < \delta_2$，生产商知道研发方是低、高成本系数的企业的概率分别为 ρ 和 $1 - \rho$，这是对市场情况了解后的先验概率。

假设 2 产品研发成功的概率

假设产品研发成功的概率 $f \in (0, 1]$，可以理解为在第二阶段末技术研发成功的可能性。创新产品研发成功受诸多条件限制，这里我们考虑其中一项重要因素即研发方的努力程度 e，因而项目研发成功的概率可表示为 $f(e) = e^r$，其中，r 表示努力程度对项目成功的影响系数，该系数满足 $\partial f(e)/\partial e > 0$，$\partial f^2(e)/\partial e^2 < 0$，取值范围为 $0 < r < 1$。

假设 3 产品需求函数

在创新技术转化为产品并推向市场之后，假设市场的需求函数为 $Q = A - bp$，该需求函数为经济学中一般市场需求函数，其中，A 表示市场容量，b 表示价格敏感系数，p 表示产品市场定价。

第二节 模型的构建和求解

一 甄别契约模型

基于上述情景，生产商在现有市场或者网络平台中寻找创新研发接包企业，但并不清楚研发方的实际成本信息，因而提供甄别契约供其选择，待产品研发成功后，由生产商进行市场销售并进行利润分成，这是一个逆向博弈过程。

按照逆向博弈求解法，假定研发外包项目成功，产品的市场收益为：

$$\varphi = (A - bp)(p - c)$$

其中，c 表示生产商在产品销售阶段的单位销售成本。依据契约，生产商的市场收益份额为：

$$\varphi_s = (1 - \beta)(A - bp)(p - c)$$

其中，β 表示生产商支付给研发方的利润分成比例。生产商在市场定价时选择使自身收益最大化，对 p 一阶求导得 $p = (A + cb)/2b$，产品的市场收益为：

$$\varphi = (A - cb)^2/4b$$

考虑成功概率的市场收益为 $\varphi f(e)$，可以看出研发方的努力水平 e 对产品市场销量产生影响，但不影响生产商对商品的市场定价。签订分选契约之后，生产商在第二阶段开始时支付给研发方 F_i，研发方选择自身利润最大化下的努力水平进行产品研发。

假设创新研发的双方企业都是风险中性，在第一阶段由研发的主导方设计由固定支付和收益共享系数共同组成的两种分选契约供研发方选择，即 (F_1, β_1) 和 (F_2, β_2)。其中，F_i 表示无论项目研发是否成功，生产商给 δ_i 类型研发方的固定支付，β_i 表示项目取得市场收益后给 δ_i 类型研发方的收益共享分配比例（$i = 1, 2$）。生产商将以自身收益最大化为目标，建立期望收益目标函数（P1）：

$$\max_{\beta_1, \beta_2, F_1, F_2} E(\pi_c) = \rho\big[(1 - \beta_1)\varphi f(e_1) - F_1\big] +$$
$$(1 - \rho)\big[(1 - \beta_2)\varphi f(e_2) - F_2\big] \tag{3-1}$$

研发方应选择适合自己的契约并确定自身最优的努力水平，可以得到激励相容约束条件和个体理性约束条件：

$$\text{s. t. } e_{it} = \arg\max\{\pi_{si}(F_t, \beta_t)\} \quad i, t \in (1, 2) \tag{3-2}$$

$$(\text{IC}) \max_{e_{11}} \pi_{s1}(F_1, \beta_1) \geqslant \max_{e_{12}} \pi_{s1}(F_2, \beta_2) \tag{3-3}$$

$$\max_{e_{22}} \pi_{s2}(F_2, \beta_2) \geqslant \max_{e_{21}} \pi_{s2}(F_1, \beta_1) \tag{3-4}$$

$$(\text{IR}) \pi_{s1}(F_1, \beta_1) \geqslant \bar{\omega} \tag{3-5}$$

$$\pi_{s2}(F_2, \beta_2) \geqslant \bar{\omega} \tag{3-6}$$

其中，式（3-2）中的 e_{ii} 表示成本系数为 δ_i 的研发方选择契约 (F_i, β_i) 时所应付出的最优努力水平。式（3-3）表示成本系数为 δ_1 的研发方选择契约 (F_1, β_1) 所获最大利润不小于选择契约 (F_2, β_2) 时所获最大利润；同理，式（3-4）表示成本系数为 δ_2 的研发方选择契约 (F_2, β_2) 的最大利润大于选择契约 (F_1, β_1) 的最大利润。激励相容约束鼓励研发方说真话，根据自身真实的成本系数，选择利润最大的契约，同时可以确定在利润最大化时所付出的努力程度。

式（3-5）和式（3-6）是研发方的参与约束条件，即研发方签订契约并完成研发的利润要大于其保留效用 $\bar{\omega}$，否则研发方会拒绝签约。保留效用 $\bar{\omega}$ 作为研发方参与研发合作的最低支付费用，也可被看作机会成本。在这里并没有考虑不同类型研发方保留效用的差异性，因为企业成本类型的划分是针对此创新研发项目而言，并非企业面对的所有外部机会，同时采用同一保留效用不会影响研究结果的性质（Crama，2008）。

在信息不对称下，不同成本系数的研发方可以根据所选择的甄别契约来确定各自利润最大化下应付出的努力水平，在第二阶段研发方会选择期望利润最大化下的努力投入，对式（3-3）、式（3-4）求一阶导：

$$\frac{\partial \pi_{s1}(F_1, \beta_1)}{\partial e_1} = \beta_1 \varphi re_1^{r-1} - \delta_1 e_1 = 0$$

$$\frac{\partial \pi_{s2}(F_2, \beta_2)}{\partial e_2} = \beta_2 \varphi re_2^{r-1} - \delta_2 e_2 = 0$$

可得成本系数为 δ_1 和 δ_2 的企业应选择的努力水平 e_{11} 和 e_{22}，分别为：

$$e_{11} = (\delta_1/\beta_1 \varphi r)^{\frac{1}{r-2}} \qquad (3-7)$$

$$e_{22} = (\delta_2/\beta_2 \varphi r)^{\frac{1}{r-2}} \qquad (3-8)$$

同时，可得成本系数为 δ_1 的研发方选择契约 (F_2, β_2) 时的最优努力程度为：

$$e_{12} = (\delta_1/\beta_2 \varphi r)^{\frac{1}{r-2}} \qquad (3-9)$$

成本系数为 δ_2 的研发方选择契约 (F_1, β_1) 时的最优努力程度为：

$$e_{21} = (\delta_2/\beta_1 \varphi r)^{\frac{1}{r-2}} \qquad (3-10)$$

目标函数（P1）是典型的二层规划问题，可将式（3-7）至式（3-10）代入式（3-1），简化目标函数式得：

$$\max_{\beta_1, \beta_2, F_1, F_2,} E(\pi_c) = \rho\left[(1-\beta_1)\varphi f(e_{11}) - F_1\right] +$$
$$(1-\rho)\left[(1-\beta_2)\varphi f(e_{22}) - F_2\right] \qquad (3-11)$$

$$\beta_1 \varphi f(e_{11}) + F_1 - C(e_{11}, \delta_1) \geqslant \beta_2 \varphi f(e_{12}) +$$
$$F_2 - C(e_{12}, \delta_1) \qquad (3-12)$$

$$\beta_2 \varphi f(e_{22}) + F_2 - C(e_{22}, \delta_2) \geqslant \beta_1 \varphi f(e_{21}) +$$
$$F_1 - C(e_{21}, \delta_2) \qquad (3-13)$$

$$\beta_1 \varphi f(e_{11}) + F_1 - C(e_{11}, \delta_1) \geqslant \bar{\omega} \qquad (3-14)$$

$$\beta_2 \varphi f(e_{22}) + F_2 - C(e_{22}, \delta_2) \geqslant \bar{\omega} \qquad (3-15)$$

二 模型求解

命题 3.1 如果高成本系数的研发方利润大于保留效用，则低成本系数的研发方利润必大于保留效用。生产商为实现自身利润最大化，给予高成本系数研发方的利润等于保留效用。

证明：由式（3－12）和式（3－15）得：

$$\pi_{s1}(F_1, \beta_1) = \beta_1 \varphi f(e_{11}) + F_1 - C(e_{11}, \delta_1)$$

$$\geqslant \beta_2 \varphi f(e_{12}) + F_2 - C(e_{12}, \delta_1)$$

$$= \beta_2 \varphi (\delta_1/\beta_2 \varphi r)^{\frac{r}{r-2}} + F_2 - \frac{\delta_1}{2}(\delta_1/\beta_2 \varphi r)^{\frac{2}{r-2}}$$

$$= (\delta_1/\beta_2 \varphi r)^{\frac{r}{r-2}}\left(\beta_2 \varphi - \frac{\beta_2 \varphi r}{2}\right) + F_2$$

$$> \beta_2 \varphi (\delta_2/\beta_2 \varphi r)^{\frac{r}{r-2}}\left(1 - \frac{r}{2}\right) + F_2$$

$$= \beta_2 \varphi f(e_{22}) + F_2 - C(e_{22}, \delta_{s1})$$

$$= \pi_{s2}(F_2, \beta_2)$$

$$\geqslant \bar{\omega}$$

因此，可以省略约束条件式（3－14）。这说明在信息不对称情况下，生产商在设计契约时只需考虑满足高成本系数研发方的参与约束，就能保证其他较低成本系数研发方的参与。

引入拉格朗日乘子 μ、η、σ，利用 Kuhn-Tucker 条件求解，写出拉格朗日函数：

$$L(\beta_1, \beta_2, F_1, F_2, \mu, \eta, \sigma)$$

$$= E(\pi_c) + \mu(\pi_{s1}(F_1, \beta_1) - \pi_{s1}(F_2, \beta_2)) +$$

$$\eta(\pi_{s2}(F_2, \beta_2) - \pi_{s2}(F_1, \beta_1)) + \sigma(\pi_{s2}(F_2, \beta_2) - \bar{\omega})$$

满足一阶条件 $\partial L/\partial F_1 = -\rho + \mu - \eta = 0$，可得 $\mu = \rho + \eta$。又有 $\partial L/\partial F_2 = -(1-\rho) - \mu + \eta + \sigma = 0$，可得 $\sigma = 1$。由 $\sigma > 0$ 可知，式（3－15）应取等号，即 $\pi_{s2}(F_2, \beta_2) = \bar{\omega}$，表明生产商给予成本系数较高的研发方保留效用即可满足参与条件，参与约束条件不产生激励。命题 3.1 得证。

命题 3.2 在甄别契约中，低成本系数的研发方所获得的市

场收益 $\beta_1^* = 1$，而高成本系数的研发方所获得的市场收益 $\beta_2^* = \dfrac{(1-\rho)r}{r-2\rho+\rho(2-r)(\delta_1/\delta_2)^{r/r-2}}$，并可以求得第二阶段的固定支付 F_1、F_2 的显性解，且 $F_2 > F_1$。

证明：采用反证法证明式（3-13）应取等号：假设 $\eta > 0$，则与之对应的式（3-13）必取等号；同理，有 $\mu = \rho + \eta > 0$，则与之对应的式（3-12）取等号。这说明高成本系数和低成本系数的研发方选择了相同的契约，与约束条件（IC）矛盾。所以 $\eta = 0$，有 $\mu = \rho + \eta = \rho > 0$。

由 $\mu > 0$ 知式（3-12）是紧约束，不等式应取等号，得到两种契约下研发方的收益分别为：

$$\pi_{s1}(F_1,\ \beta_1) = \pi_{s2}(F_2,\ \beta_2) + \big[\beta_2\varphi(f(e_{12}) - f(e_{22})) -$$
$$C(e_{12},\ \delta_{s1}) + C(e_{22},\ \delta_{s2})\big] \qquad (3-16)$$

$$\pi_{s2}(F_2,\ \beta_2)\ = \bar{\omega} \qquad (3-17)$$

求 $\partial L/\partial\beta_1 = 0$，$\partial L/\partial\beta_2 = 0$，得到两类合同下研发方的市场收益比例分别为：

$$\beta_1^* = 1 \qquad (3-18)$$

$$\beta_2^* = \frac{(1-\rho)r}{r-2\rho+\rho(2-r)(\delta_{s1}/\delta_{s2})^{r/r-2}} \qquad (3-19)$$

由式（3-16）和式（3-17）求得两种合同菜单下生产商向研发方支付的固定支付分别是：

$$F_1 = \bar{\omega} - \varphi(e_1^*)^r + \delta_{s1}(e_{11}^*)^2/2 + \beta_2^*\varphi\big[(e_{12}^*)^r - (e_{22}^*)^r\big] +$$
$$\delta_{s2}(e_{22}^*)^2/2 - \delta_{s1}(e_{12}^*)^2/2 \qquad (3-20)$$

$$F_2 = \bar{\omega} - \beta_2^*\varphi f(e_{22}^*) + C(e_{22}^*,\ \delta_{s2})$$
$$= \bar{\omega} - \beta_2^*\varphi(\delta_{s2}/\beta_2^*\varphi r)^{r/(r-2)} + \frac{\delta_{s2}}{2}(\delta_{s2}/\beta_2^*\varphi r)^{2/(r-2)} \qquad (3-21)$$

第三节　合约性质分析

推论3.1　当研发方的成本系数较低，为 δ_1 时，其选择合约菜单 (F_1, β_1)，此时生产商支付给研发方的最优收益分配 $\beta_1^* = 1$，说明生产商将销售利润或者说市场风险全部转移给研发方，激励研发方做出最优努力实现产品研发成功。此时生产商付给研发方的固定支付 $F_1 < 0$，说明研发方要向生产商预先支付。且随 ρ 增大，$F_2^* > F_1^*$，$\beta_1^* > \beta_2^*$，$e_1^* > e_2^*$。

证明：由 $\partial F_1 / \partial \rho < 0$ 可得 F_1 与 ρ 负相关，当 $\rho = 0$ 时，F_1 取最大值，$F_1 = \bar{\omega} - (1 - r/2)(\delta_2 r)^{r/(r-2)} \varphi^{2/(2-r)}$。但随着市场中低成本系数研发方数量的增多，即随着 ρ 的增大，在契约 (F_2, β_2) 中给高成本系数研发方的收益共享比例 β_2^* 减少，F_2 增大。

由推论3.1可知，$\partial \beta_2^* / \partial \rho < 0$，表明市场上研发成本低的研发方所占比重越大，为防止高成本系数研发方鱼目混珠，生产商越会增大对高成本系数研发方的契约扭曲程度，降低分选契约中的收益共享比例。根据式（3－7）中，$\partial e_2 / \partial \beta_2 > 0$，随着 β_2 下降，研发方的努力程度 e_2^* 也会降低，但 $\beta_1^* = 1$。

推论3.2　在成本信息不对称的情况下，研发成本更高、服务质量更低的研发方只能得到保留效用，而研发成本低、服务水平高的研发方不仅得到了保留效用，还得到了额外的信息租金。

由式（3－6）中的 $\pi_{s2}(F_2, \beta_2) = \bar{\omega}$ 可以看出，高成本系数研发方仅获得保留效用。式（3－15）中低成本系数研发方除了获得保留效用，所得额外的信息租金为：

$$\Delta\pi = \beta_2 \varphi(f(e_{12}^*) - f(e_{22}^*)) - C(e_{12}^*, \delta_{s1}) + C(e_{22}^*, \delta_{s2})$$

随着低成本系数研发方数量的增加，其所获得的信息租金将减少，原有的成本信息转化为公共信息，生产商不会再支付额外的信息租金。

推论3.3　在甄别契约中存在一个阈值 ε，当低成本系数研发方所占的比例 $\rho < \varepsilon$ 时，生产商的期望利润为负值。这是因为当研发方市场中的低成本、高技术的企业较少时，理性的生产商会给予较高的信息租金，同时签约高成本系数研发方的概率较高，因此生产商会降低最终收益的期望。

第四节　数值算例

假设公司 Q 是创新产品项目的生产商，其并不知道研发方的真实成本信息。市场上有两类研发方，成本系数分别为 $\delta_1 = 2$，$\delta_2 = 4$，取值 $A = 9$，$b = 2$，$c = 1.5$，$\bar{\omega} = 3$，$r = 0.8$，$I = 0.2$，市场中低成本系数的研发方所占比例 ρ 在（0，1）取值。

求分选契约中 F、β 与 ρ 之间的关系。在图 3 - 2 中，随着 ρ 的增加 β_2 逐渐下降，在契约（F_2，β_2）中高成本系数研发方的最优收益共享比例 β_2 将减少，而较低成本系数研发方的最优共享比例 β_1 是固定值，等于 1。

在图 3 - 3 中，最优固定支付 F_2 增加，而最优固定支付 F_1 从最大值逐渐降低，并且出现负值。这说明当市场中高水平研发方的可能性较大时，生产商会向研发方收取合作保证金，并在产品销售后给予高水平研发方更高的收益分配比例。因此，从研发方的角度而言，其一定对自身的研发水平有信心才能选择此类型的契约条款，

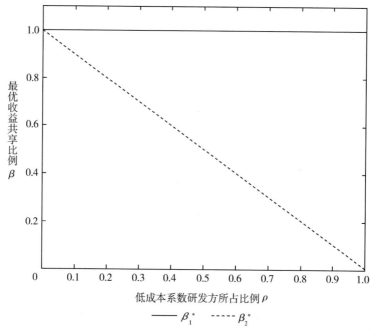

图 3-2　最优收益共享比例与 ρ 的变化关系

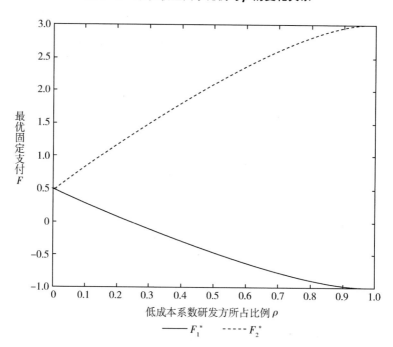

图 3-3　最优固定支付与 ρ 的变化关系

因而显示了自身的私有信息。

图 3 - 4 给出了生产商的信息租金和期望利润随 ρ 的变化关系。随着低成本系数研发方数量的增加，Q 企业支付的信息租金逐渐减少。这表明生产商逐渐获得更多的成本信息，不需要花更多的钱购买，这与推论 3.2 一致。同时，可以看出生产商的期望利润逐渐增大，但是当 ρ 较小时，期望利润为负数。经过计算，$E(\pi_c) = 0$ 时，$\rho = 0.2668$，即当低成本系数研发方所占的比例小于阈值 26.68% 时，此项目的期望利润为负，对企业而言可能不会盈利，验证了推论 3.3。

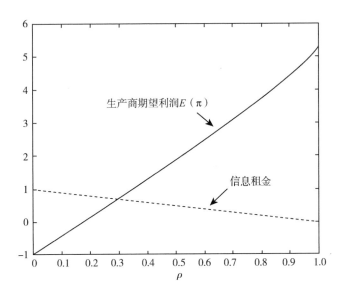

图 3 - 4　生产商的信息租金和期望利润随 ρ 的变化关系

第五节　本章小结

创新产品研发方选择中的信息不对称会对项目期望收益带来影

响,本章假定市场中研发方的成本函数分为高成本系数、低成本系数两类,以生产商的期望利润最大化为目标,设计两类契约供研发方选择,诱导研发方透露真实的成本信息。本章主要得到以下几个结论:第一,成本信息不对称下,低成本系数研发方除了得到保留效益之外,还得到了额外的信息租金。第二,甄别契约中参数的设定受到成本类型比例这一事前估计值的影响,随着低成本系数研发方数量的增多,高成本系数研发方的收益共享比例将减少,固定支付增加,低成本系数研发方要支付给生产商一定的保证金。第三,当低成本系数研发方数量减少时,生产商的期望利润可能被高信息租金淹没。

本章还有许多深入探讨的问题:第一,本章模型中市场需求函数为简单的经济学模型,可以考虑不同的市场需求函数对创新产品销量和定价的影响。第二,本章假定生产商是风险中性,可以进一步研究双方风险偏好对契约设计和选择的影响。

第四章 低碳回收的两阶段合作研发契约设计与选择

据工信部数据统计，目前我国手机、计算机、彩电等主要电子产品年产量超过 20 亿台，每年主要电器电子产品报废超过 500 万吨，已经成为世界第一大电器电子产品生产和废弃国。同时，随着科学技术的飞速发展，手机、平板电脑、笔记本等电子产品更新换代加速，我国每年报废手机约 1 亿部，但回收率不足 1%，因此国务院批准于 2016 年 3 月 1 日起将手机作为重点项目列入《废弃电器电子产品处理目录》。但现实是我国对废旧电子产品的回收还处于起步阶段，缺乏监管和标准，部分地区肆意地回收处理对环境和居民造成了严重危害。2015 年，工信部等四部委发出通知，要求从生产商的角度解决电子垃圾回收难的问题，开展 EPR 试点工作。EPR 是欧盟、美国等发达地区广泛采用的环境治理综合制度体系，以促进环境外部性内部化。EPR 实施的根本目的是激励生产商进行创新研发设计，从而减少回收处理过程的碳排放。

对碳足迹的跟踪包括从产品制造的原材料使用到产成品处理、

回收全过程的碳排放量,任何一个企业单独进行减排优化都难以取得理想效果。因此,创新型电子生产商要激励其上游供应商以低碳回收为目标进行产品设计研发,鼓励研发方采用循环可利用的原材料及零部件,构建闭环的回收体系以保证废弃产品中有效材料的回收再利用。

EPR 从法规的制定到有效的实施是一个复杂的运营决策问题。目前,国际学者对 EPR 的实施运营研究分为两个方向:一种是采用集合系统,研究发现这种方法更多考虑了生产商的回收能力问题,对产品低碳设计的激励效果较差(Islegen et al.,2016);另一种是采用独立生产商责任系统,即每个生产商只承担自身产品回收处理过程的责任,研究发现每个生产商独立建立回收渠道对低碳设计的激励效果更好,本章的研究延续了独立生产商责任系统的方法。

EPR 制度、回收补贴、碳税等相关政策的试点对我国当前的供应链管理提出了新的挑战。大部分研究围绕生产商和零售商之间的回收激励契约,同时也考虑了消费者需求受产品减排量和零售商低碳宣传努力的影响,证明在一定条件下成本分担契约可以实现帕累托改善。从废旧产品回收主体看,主要有生产商、零售商、第三方。张汉江等(2015)采用再制造商品的最优价格激励契约,发现生产商回收时的努力大于委托第三方回收的努力。与上述文献不同,本章关注的是供应链上游研发方和生产商之间的低碳研发激励机制。夏良杰等(2015)分析了供应商和生产商之间的联合减排问题,指出最优转移支付系数与企业的减排成本系数无关,政府提高碳税能促使企业提高减排量,而本章将研发方纳入低碳回收体系后,得到不同的研究结果:最优收益比例与减排技术水平相关,碳税系数的调整会产生不同的减排效果。Xiao 和 Xu（2012）的研究假设研发方的技术努力是可以被观察的，但研发效果需要被证实。面对研发结果的不确定性，有部分学者认为合作研发的签约最好在部分不确定被实现之后。本章假设研发方的努力同样是可观察的，但低碳设计的转化效果需要被验证，因此本章基于预先承诺和延迟承诺两种契约，讨论生产商究竟在何时给出契约能更好地激励研发方投入研发创新。

本章的研究目标是在 EPR 制度下，电子产品企业如何以低碳回收为目的，对研发合作方进行低碳设计激励，构建一个闭环的低碳供应链系统。本章的创新性主要体现在：第一，根据 EPR 制度的本质，将研发供应方引入回收体系，分析研发方在低碳设计和低碳回收两个阶段努力投入的决策平衡；第二，考虑了产品低碳性及生产商的宣传回收策略对消费者偏好的影响；第三，考虑了低碳研发结果的不确定性对决策的影响，在预先承诺收益分成比例和延迟承诺两种模型下，分析了供应链期望利润和总体减排量的变化，发现研发合作方的低碳研发技术水平、政府的碳税系数以及双方在减排努力中所占的比重都会引起双方决策的变化。

第一节 问题描述与假设

一 问题描述

某电子产品生产商计划在新系列中采用一种轻薄、含较少化学危害物并且利于回收处理的电子面板。本节将产品从研发到回收的整个生命周期分为两个阶段：第一阶段是零部件到产成品的创新研发阶段，该生产商寻找具有低碳研发能力水平的研发方合作提供该面板，由生产商提供包含预先支付 ω 和销售收入分成比例 α 的收益共享契约，研发方根据自身的减排技术水平 g 决定减排的努力水平 e_1（关于生产商在产品组装中减排努力，已有学者进行研究，并非本章的主要研究对象，因而不多加讨论）；第二阶段是产品销售和回收的市场阶段，待新技术研发成功，生产商检测创新产品的低碳水平，并决定其在低碳产品市场推广和回收渠道建设中的努力水平 e_m，产品回收后将拆卸的面板交给研发方进行提炼、粉碎、再利用、掩埋等处理工作，研发方依据契约决策回收的努力水平 e_2。在 EPR 下，生产商应将向政府组织缴纳回收处理的碳排放费用。

以生产商作为研发合作 Stackelberg 博弈的领导者，研发方作为跟随者，其低碳研发技术水平对双方而言是已知信息。由于创新研发本身具有风险性，依据生产商是否在检测到新产品的低碳水平之后再给出收入分配比例 α，本章设计了两种博弈模型：预先承诺 α 的低碳研发 Stackelberg 模型（S－P 模型）和延迟承诺 α 的低碳研发 Stackelberg 模型（S－D 模型）。

二 基本假设

假设 1 研发方的成本函数

因减排研发前期边际成本相对较低，后期减排边际成本逐渐增加，存在研发的规模不经济性，故假设低碳研发的成本函数为二次连续可微，且严格递增并具有凸性（Che and Gale，2003），即：

$$c_{r1}(e_1) = e_1^2/2g$$

其中，e_1 为研发方在研发阶段的低碳努力水平，$g \in (0, 1]$ 表示研发方的低碳研发技术水平，g 越大说明研发方的碳减排技术越先进。同理，在回收阶段对废旧产品的拆解、翻新等处置的成本与努力水平存在正向关系，与研发方的低碳技术水平 g 呈反向关系。假定研发方在回收处理阶段与低碳研发阶段使用同样的技术规模和技术水平，且边际成本递增，不失一般性，研发方回收处理的成本函数为：

$$c_{r2}(e_2) = e_2^2/2g$$

其中，e_2 为研发方在回收处理过程中的低碳努力水平。

假设 2　生产商的销售回收成本

已有文献分别研究了废旧产品的回收由生产商、零售商或第三方承担的情况，本章假设生产商负责低碳回收宣传、回收策略制定（如以旧换新、废旧品兑现等）、回收渠道布局等，其回收成本为投入 e_m 的增函数 $c_m(e_m) = e_m^2/2$。

假设 3　低碳研发设计的减排效果

在研发设计过程中，研发方的努力难以被直接观测，低碳技术的转化效果需要经过检测得到证实。本章用 $K = e_1 \eta$ 表示低碳研发设计的减排效果，即经过检测的在回收处理过程中可以减少的碳排放量，其中，η 表示技术转化效果的随机因素，是均值为 1 且可行域为 $[0, \infty)$ 的随机变量。

假设 4　基于 EPR 的碳税征收

根据 EPR 制度，政府对回收过程征收的碳税采用从量支付的方法，用 p 表示碳排放从量税税率。电子产品废弃回收过程的碳排放量 V 与研发设计的减排效果、市场销售、回收处理中双方的努力呈正向关系，可记为 $V = K + \sigma e_2 + v e_m$。因此，生产商通过低碳研发可节省的碳税表示为：

$$\Delta t_c = pV = p(K + \sigma e_2 + \nu e_m)$$

其中，σ 表示研发方的回收处理投入对碳排放的影响系数，$\sigma > 0$。ν 表示生产商的市场推广和回收努力政策投入对碳排放的影响系数，$\nu > 0$。最终生产商延伸责任所缴纳的碳税为：

$$T = t_0 - \Delta t_c$$

其中，t_0 表示产品未进行低碳设计研发时生产商所要缴纳的废弃产品处理碳税。为了使模型更具直观性，本章假设 $t_0 = 0$，这时 Δt_c 也可被看作政府对企业低碳回收的一种补贴。

第二节　集中决策模型

一　研发方和生产商的决策目标

讨论在垄断市场中研发单位产品的情况，随着消费者低碳意识的不断增强，创新产品低碳度的提高可以提升产品价格。借鉴 Xiao 和 Xu（2012）文章中的收入模型，生产商出售单位产品的销售收入可写为：

$$R = K + \theta e_2 + \lambda e_m + \varepsilon$$

其中，K 表示研发设计的减排效果；θ 表示研发方在回收处理阶段的努力对收益 R 的影响系数，且 $\theta > 0$；λ 表示生产商在市场销售和回收阶段的努力对收益的影响系数，且 $\lambda > 0$；ε 表示其他不确定性因素对收益的影响，假定 $\varepsilon \sim N(0, \sigma^2)$。

生产商和研发方都是风险中性，生产商和研发方的期望利润分别为 π_M、π_R。

$$\pi_M = (1-\alpha)E(R) - E(T) - c_m(e_m) - \omega$$

$$= (1-\alpha)E(R) - E(t_0 - \Delta t_c) - c_m(e_m) - \omega$$

$$= (1-\alpha)(e_1 + \theta e_2 + \lambda e_m) + p(e_1 + \sigma e_2 + v e_m) -$$

$$e_m^2/2 - \omega \tag{4-1}$$

式（4-1）中第一项是销售收入中生产商的分配比例，第二项是回收处理过程中生产商应缴纳的碳税，第三项是生产商的销售回收努力成本，最后一项是给予研发方的预先支付。作为博弈的领导者，生产商的目标是使自身利润最大化，其决策变量是给予研发方的预先支付和利润分配比例及其在第二阶段的努力投入。

$$\pi_R = \alpha E(R) - c_{r1}(e_1) - c_{r2}(e_2) + \omega$$

$$= \alpha(e_1 + \theta e_2 + \lambda e_m) - \frac{e_1^2}{2g} - \frac{e_2^2}{2g} + \omega \tag{4-2}$$

式（4-2）中第一项是销售收入中研发方的分配比例，第二项是低碳研发阶段的投入，第三项是回收处理阶段的投入，第四项是生产商收到的预先支付。研发方的决策是在给定的契约条款下，确定最优的低碳研发努力和回收处理努力水平，以使自身利润最大化。

二 低碳研发的集中决策模型（C 模型）

基于以上描述和假设，首先考虑研发方和生产商作为供应链利益整体、信息共享的集中决策模型，将其作为一个基准模型。假设存在以最大化整体利益为目标的中心决策者，其决策问题为：

$$\max_{e_1,e_2,e_m} \pi^c = E(R) - E(T) - c(e_1) - c(e_2) - c(e_m)$$

$$= (e_1 + \theta e_2 + \lambda e_m) + p(e_1 + \sigma e_2 + v e_m) - \frac{e_1^2}{2g} - \frac{e_2^2}{2g} - \frac{e_m^2}{2} \quad (4-3)$$

显然，目标函数是关于努力投入的凹函数，一阶条件下的解即为目标问题的全局最优解，令 $\frac{\partial \pi_s}{\partial e} = 0$，研发方的低碳研发投入、回收处理投入及生产商的销售回收投入分别为：

$$e_1^c = g(p+1)$$

$$e_2^c = g(p\sigma+1)$$

$$e_m^c = pv + \lambda$$

因此，求得合作研发集中决策下的总体利润为：

$$\pi^c = \frac{1}{2} \left[(pv+\lambda)^2 + g(p+1)^2 + g(p\sigma+\theta)^2 \right] \quad (4-4)$$

命题 4.1　集中式决策下，研发方和生产商之间达成了可执行的合作协议，不需要生产商的低碳激励，双方会自行按照最优的产出原则选择努力投入 (e_1^c, e_2^c, e_m^c)，供应链的总体利润为 π_c。

第三节　考虑研发和回收两阶段的契约模型

一　预先承诺收益比例的合作研发模型（S-P 模型）

在 S-P 模型中（见图 4-1），生产商在研发之初给出契约 (α, ω)，研发方根据契约参数，依据自身利润最大化原则决定低碳研发努力和回收处理中的低碳努力。在新产品投入市场之前，生产商将检测其碳减排效果，以此作为可观察信号决定自身在市场推广和回收布局的努力投入。因此，预先确定收益分配比例的 Stackelberg 博弈模型可以写为:

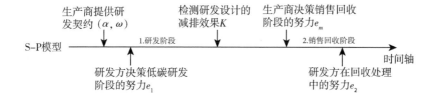

图 4 - 1　预先承诺收益分配比例 α 的低碳研发过程

$$\max_{\alpha,\omega,e_m} \pi_M^s = (1 - \alpha)(e_1 + \theta e_2 + \lambda e_m) + p(e_1 + \sigma e_2 + v e_m) - e_m^2/2 - \omega \tag{4-5}$$

$$s.\ t.\ \ e_1, e_2 \in \text{argmax}\ \ \alpha(e_1 + \theta e_2 + \lambda e_m) - \frac{e_1^2}{2g} - \frac{e_2^2}{2g} + \omega \tag{4-6}$$

$$\alpha(e_1 + \theta e_2 + \lambda e_m) - \frac{e_1^2}{2g} - \frac{e_2^2}{2g} + \omega \geqslant 0 \tag{4-7}$$

通过对预先承诺收益比例的合作研发模型的求解可以得到以下命题:

命题 4.2　在预先承诺收益分配比例的 Stackelberg 模型中,生产商在合作契约中给予研发方的最优收益分配比例为 $\alpha_s^* = \dfrac{1 + \theta^2 + p + p\sigma\theta}{1 + \theta^2 + \lambda^2/g}$,最优预先支付为 $\omega_s^* = \dfrac{e_1^{s2}}{2g} + \dfrac{e_2^{s2}}{2g} - \alpha_s^*(e_1^s + \theta e_2^s + \lambda e_m^s)$。

证明:分散决策下研发方和生产商的博弈过程是两阶段动态博弈,其均衡是子博弈精炼纳什均衡,可以采用逆向求解法。在第二阶段研发方和生产商各自决定努力投入,可证式 (4 - 5) 和式 (4 - 6) 都是关于努力的凹函数,根据一阶最优条件可得第二阶段各自努力的反应函数为:

$$e_m^s = (1 - \alpha)\lambda + pv$$

$$e_2^s = \alpha\theta g$$

回到低碳研发第一阶段，研发方在给定契约参数的情况下决定低碳研发的投入：

$$e_1^s = \alpha g$$

在以生产商为主导的 Stackelberg 博弈中，对研发方的参与激励约束必将为紧约束，故式（4-7）取等号，可得研发契约中的预先支付为：

$$\omega_s^* = \frac{e_1^{s2}}{2g} + \frac{e_2^{s2}}{2g} - \alpha_s^* (e_1^s + \theta e_2^s + \lambda e_m^s) \qquad (4-8)$$

将最优的努力投入及式（4-8）代入目标函数，根据最优一阶条件可得分配给研发方的收益贡献比例为：

$$\alpha_s^* = \frac{1 + \theta^2 + p + p\sigma\theta}{1 + \theta^2 + \lambda^2/g} \qquad (4-9)$$

推论 4.1　S-P 模型中，最优收益共享比例 α_s^* 随低碳研发技术水平 g 的提升而增加，且增加的速度逐渐减缓。最优预先支付 ω_s^* 随低碳研发技术水平 g 的提升而降低。

证明：令 $B = 1 + \theta^2 + p + p\sigma\theta$，由式（4-9）可以求得 $\frac{\partial\alpha_s^*}{\partial g} = \frac{B\lambda^2}{(g + \theta^2 g + \lambda^2)^2} > 0$，$\frac{\partial^2\alpha_s^*}{\partial g^2} = -\frac{2B\lambda^2(1 + \theta^2)}{(g + \theta^2 g + \lambda^2)^3} < 0$，在其他参数给定的情况下，$\alpha^s$ 与 g 呈正相关关系。随着技术水平的逐渐提高，生产商的收益共享激励效果逐渐降低，并趋向于一固定值 $\frac{B}{1 + \theta^2 + \lambda^2}$。

最优预先支付为：

$$\omega_s^* = \frac{e_1^{s2}}{2g} + \frac{e_2^{s2}}{2g} - \alpha(e_1^s + \theta e_2^s + \lambda e_m^s)$$

$$= -\alpha^2 \left(\frac{g}{2} + \theta^2 g + \lambda^2 + \frac{\theta^2 g}{2} \right) - \alpha(pv\lambda + \lambda^2)$$

对 g 求一阶导数，可以证明：

$$\frac{\partial \omega_s^*}{\partial g} = -\alpha \frac{\partial \alpha}{\partial g}(g + 2\theta^2 g + 2\lambda^2 + \theta^2 g) - \frac{\alpha^2(1 + 3\theta^2)}{2} -$$

$$\frac{\partial \alpha}{\partial g}(pv\lambda + \lambda^2) < 0$$

因此，最优预先支付随低碳研发技术水平的提高而逐渐降低。证毕。

推论 4.2　S – P 模型中，随研发方低碳技术水平 g 的提升，低碳设计引发的减排转化度 $K(e_1^s)$ 逐渐增大，研发方在回收阶段的努力投入 e_2^s 逐渐增大，生产商的低碳投入 e_m^s 逐渐降低。

证明：将式（4 – 9）代入 e_1^s 和 e_2^s，这样可以求得 $\frac{\partial e_1^s}{\partial g} = \frac{Bg^2(1 + \theta^2) + 2Bg\lambda^2}{(g + \theta^2 g + \lambda^2)^2} > 0$，$\frac{\partial e_2^s}{\partial g} = \frac{Bg^2\theta(1 + \theta^2) + 2Bg\theta\lambda^2}{(g + \theta^2 g + \lambda^2)^2} > 0$，因而低碳设计在废旧产品回收中的减排效果随研发方的低碳设计水平提升而增加。生产商的最优努力投入为 $e_m^s = (1 - \alpha_s^*)\lambda + pv$，与 α_s^* 呈反向关系，而 α_s^* 与 g 呈正向关系，故可得 e_m^s 随 g 增加而减小。证毕。

二　延迟承诺收益比例的合作研发模型（S – D 模型）

在上一节的模型中，生产商签订契约之初承诺了收益分配的比例，而本节中将讨论生产商在得到研发方最新的新产品低碳技术转化度的信息之后，再给定收益分配比例的情景（见图 4 – 2）。延迟承诺收益分配比例的 S – D 模型中，依然以生产商作为博弈的领导者，研发方作为跟随者，双方均以利润最大化为决策目标，两阶段的决策过程为：第一阶段，研发开始之前生产商给出预先支付 ω，研发方自行投入努力 e_1 进行产品的低碳设计。决策模型为：

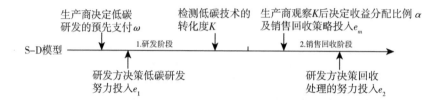

图 4 - 2　延迟承诺收益分配比例 α 的低碳研发过程

$$\max_{\omega} \pi_M^n = (1 - \alpha)(e_1 + \theta e_2 + \lambda e_m) + p(e_1 + \sigma e_2 + v e_m) - e_m^2/2 - \omega \quad (4-10)$$

$$\text{s. t.} \quad e_1 \in \mathrm{argmax} \ \pi_R^n = \alpha(e_1 + \theta e_2 + \lambda e_m) - \frac{e_1^2}{2g} - \frac{e_2^2}{2g} + \omega \quad (4-11)$$

$$\pi_R^n \geq 0 \quad (4-12)$$

在研发结束后，生产商负责产品组装并检测新产品的低碳技术转化度 K，因此在第二阶段，生产商根据已知的低碳度信息设计 α 及确定销售回收中的努力 e_m，研发方依据收益分配的比例决定回收过程的努力投入 e_2。决策模型为：

$$\max_{\alpha, e_m} \pi_M^{n2} = (1 - \alpha)(e_1^n + \theta e_2 + \lambda e_m) + p(e_1^n + \sigma e_2 + v e_m) - e_m^2/2 \quad (4-13)$$

$$\text{s. t.} \quad e_2 \in \mathrm{argmax} \pi_R^{n2} = \alpha(e_1^n + \theta e_2 + \lambda e_m) - \frac{e_2^2}{2g} \quad (4-14)$$

通过对延迟承诺收益比例的合作研发模型的求解可以得到以下命题：

命题 4.3　在完全信息下，延迟承诺收益分配比例的 Stackelberg 模型中，生产商在研发开始之前的预先支付为 ω_n^*，在研发阶段结束后根据检测的低碳研发效果给出最优的收益分配比例为 α_n^*，在满足条件 $(\lambda/\theta)^2 \neq 2g$ 时，有 $\alpha_n^* = \dfrac{e_1^n + pv\lambda + \lambda^2 - \theta^2 g - p\sigma\theta g}{\lambda^2 - 2\theta^2 g}$，

$\omega_n^* = \dfrac{e_1^{n2}}{2g} + \dfrac{e_2^{n2}}{2g} - \alpha_n^* (e_1^n + \theta e_2^n + \lambda e_m^n)$。

证明：在 S–D 模型的两阶段动态博弈过程中，仍然采用逆向求解法，但其过程与 S–P 模型不同。

（1）在第二阶段给定契约参数的情境下，由式（4–14）得到双方的努力水平：

$$e_m^n = (1 - \alpha)\lambda + pv$$

$$e_2^n = \alpha\theta g$$

在得到创新产品的低碳技术转化度 $K(e_1^n)$ 之后，生产商根据研发方的低碳技术能力决策收益分配的比例。将 e_m^n、e_2^n 代入式（4–13），可证 π_M^{n2} 是关于 α 的凹函数，根据一阶最优原则令 $\partial \pi_M^{n2}(e_1^n)/\partial\alpha = 0$，可得当 $(\lambda/\theta)^2 \neq 2g$ 时，最优的分配收益比例为：

$$\alpha_n^* = \frac{e_1^n + pv\lambda + \lambda^2 - \theta^2 g - p\sigma\theta g}{\lambda^2 - 2\theta^2 g} \tag{4–15}$$

（2）回到研发阶段，将式（4–15）代入式（4–11）研发方的期望利润函数，令 $\partial \pi_R^n/\partial e_1 = 0$，求得研发阶段的低碳努力投入为：

$$e_1^n = \frac{(\theta^2 g + p\sigma\theta g)(\lambda^2 + \theta^2 g) - 3\theta^2 g(\lambda^2 + pv\lambda)}{3\theta^2 g + (\lambda^2 - 2\theta^2 g)^2/g}$$

同样，约束方程式（4–12）为研发方的参与约束，作为 Stackelberg 博弈的领导者，生产商在满足研发方保留利润的基础上获取最大利润。因此，约束式（4–12）为紧约束。在研发之初的

契约中规定的最优预先支付为：

$$\omega_n^* = \frac{e_1^{n2}}{2g} + \frac{e_2^{n2}}{2g} - \alpha_n^* \left(e_1^n + \theta e_2^n + \lambda e_m^n \right) \qquad (4-16)$$

命题 4.3 得证。

推论 4.3 在 S-D 模型中，最优收益共享比例 α_n^* 随研发技术水平 g 变化的影响：

（1）当 $\sigma < Z$ 时，若 $\Delta > 0$，则 $g \in (0, g_1]$ 时，α_n^* 与 g 正相关，$g \in (g_1, g_2]$ 时，α_n^* 与 g 负相关，$g \in (g_2, 1]$ 时，α_n^* 与 g 正相关；若 $\Delta \leqslant 0$，则在定义域范围内，α_n^* 与 g 正相关。

（2）当 $\sigma > Z$ 时，若 $\Delta > 0$，则 $g \in (0, g_1]$ 时，α_n^* 与 g 负相关，$g \in (g_1, g_2]$ 时，α_n^* 与 g 正相关，$g \in (g_2, 1]$ 时，α_n^* 与 g 负相关；若 $\Delta \leqslant 0$，则在定义域范围内，α_n^* 与 g 负相关。

（3）当 $\sigma = Z$ 时，若 $\lambda^4 > DC/A$，$g \in (0, g_3]$ 时，α_n^* 与 g 负相关，$g \in (g_3, 1]$ 时，α_n^* 与 g 正相关；若 $\lambda^4 < DC/A$，$g \in (0, g_3]$ 时，α_n^* 与 g 正相关，$g \in (g_3, 1]$ 时，α_n^* 与 g 负相关；若 $\lambda^4 = DC/A$，$v < M$ 时，α_n^* 与 g 正相关，$v > M$ 时，α_n^* 与 g 负相关，$v = M$ 时，α_n^* 不随 g 的变化发生变动。

定义：$A = \theta(\theta + p\sigma)(1 + 2\theta^2)$

$$G = 3\lambda^2\theta^2 + \lambda^2\theta p\sigma + 2\theta^2 pv\lambda$$

$$C = (pv\lambda + \lambda^2)^2\lambda^2$$

$$D = 3\theta^2 + 4\theta^4$$

$$H = 4\theta^2\lambda^2$$

$$Z = \frac{4\theta\lambda + 4\theta pv + \theta(\lambda + 2pv)(1 + 4\theta^2)}{\lambda p(1 + 4\theta^2)}$$

$$M = \frac{p\sigma\lambda + 4p\sigma\lambda\theta^2 - 5\lambda\theta - 4\lambda\theta^3}{6\theta p + 8p\theta^3}$$

证明：将 e_1^n 代入式（6－15），得到简化的最优收益比例为 $\alpha = \dfrac{Ag^2 - Gg + C}{Dg^2 - Hg + \lambda^4}$，令 α 对 g 的一阶导数等于零，即有：

$$\frac{\partial \alpha}{\partial g} = \frac{(GD - AH)g^2 + 2(A\lambda^4 - DC)g - G\lambda^4 + CH}{(Dg^2 - Hg + \lambda^4)^2} = 0$$

求解关于 g 的一元二次方程：

$$f(g) = (GD - AH)g^2 + 2(A\lambda^4 - DC)g - G\lambda^4 + CH$$

可得：（1）若系数 $GD - AH > 0$，即 $\sigma < Z$，则当 $\Delta = (A\lambda^4 - DC)^2 - (GD - AH)(CH - G\lambda^4) > 0$ 时，方程的两个解为：

$$g_1 = \frac{DC - A\lambda^4 - \sqrt{\Delta}}{GD - AH}$$

$$g_2 = \frac{DC - A\lambda^4 + \sqrt{\Delta}}{GD - AH}$$

根据极值判别的第一充分条件，$g \in (g_1 - \delta,\ g_1)$ 时，有 $f(g) > 0$，即 $\dfrac{\partial \alpha}{\partial g} > 0$；$g \in (g_1,\ g_1 + \delta)$ 时，有 $f(g) < 0$，即 $\dfrac{\partial \alpha}{\partial g} < 0$，原函数 $\alpha(g)$ 在 g_1 点取得最大值。同理可证，在 g_2 点取得极小值。当 $\Delta \leqslant 0$ 时，一阶导数非负，因此最优收益共享比例随 g 的增大而上升。

（2）若系数 $GD - AH < 0$，即 $\sigma > Z$，与上述结果相反，当 $\Delta > 0$ 时，函数 $\alpha(g)$ 在 g_1 点取得最小值，在 g_2 点取得极大值；当 $\Delta \leqslant 0$ 时，α^* 随 g 的增大而下降。

（3）若系数 $GD - AH = 0$，即 $\sigma = Z$，一阶导数为：

$$\frac{\partial \alpha}{\partial g} = \frac{2(A\lambda^4 - DC)g - G\lambda^4 + CH}{(Dg^2 - Hg + \lambda^4)^2}$$

令 $2(A\lambda^4 - DC)g - G\lambda^4 + CH = 0$，可得 $g_3 = \dfrac{G\lambda^4 - CH}{2(A\lambda^4 - DC)}$。因此

当 $\lambda^4 > DC/A$ 时，$g \in (0, g_3]$，有 $\frac{\partial \alpha}{\partial g} \leq 0$，$\alpha^*$ 随 g 的增大而下降，$g \in (g_3, 1]$，则有 $\frac{\partial \alpha}{\partial g} > 0$，$\alpha^*$ 随 g 的增大而上升；同理，当 $\lambda^4 < DC/A$ 时，与上述情况相反；当 $\lambda^4 = DC/A$ 时，若 $v < M$，则一阶导数为正，若 $v > M$，则一阶导数为负，若 $v = M$ 则一阶导数为零，α^* 不随 g 的变化发生改变。证毕。

第四节　两种模型性质分析

本节主要分析采用 S−P 契约和 S−D 契约时，研发方的低碳研发技术水平、碳税税率以及双方在减排中的重要度对废旧电子产品减排效果的影响及意义。

一　低碳研发技术水平对减排的影响

本章研究的目标之一是分析低碳研发对回收减排的影响。通过对比不同契约下的具体减排效果，得到以下的研究命题。

命题4.4　在 S−P 契约模型下，低碳研发技术水平 g 存在一个阈值 g'：当 $g < g'$ 时，废旧产品回收处理过程的总碳减排量 V^s 随 g 的增大逐渐降低；当 $g > g'$ 时，总碳减排量 V^s 随 g 的增大逐渐增加；当 $g = g'$ 时，回收处理的总减排效果最低。其中，

$$g' = \frac{\lambda \sqrt{\lambda^2 (1 + \theta\sigma)^2 + (1 + \theta^2)(1 + \theta\sigma)\lambda v} - \lambda^2 (1 + \theta\sigma)}{(1 + \theta^2)(1 + \theta\sigma)}$$

证明：根据假设4，废旧产品回收的碳减排量为 $V = K + \sigma e_2 + v e_m$，将双方各自的最优努力代入，得：

$$V(g) = \alpha_s^* (g + \sigma\theta g - \lambda v) + \lambda v + pv$$

$$= \frac{1 + \theta^2 + p + p\sigma\theta^2}{1 + \theta^2 + \lambda^2/g}(g + \sigma\theta g - \lambda v) + \lambda v + pv$$

在 $g \in (0, 1]$ 上可导，令一阶导数为零，有：

$$\frac{\partial V}{\partial g} = \frac{B\left[2\lambda^2 g + 2\lambda^2 g\theta\sigma - \lambda^3 v + g^2(1 + \theta^2)(1 + \theta\sigma)\right]}{(g + g\theta^2 + \lambda^2)^2} = 0$$

可得关于 g 的一元二次方程：

$$g^2(1 + \theta^2)(1 + \theta\sigma) + 2g\lambda^2(1 + \theta\sigma) - \lambda^3 v = 0$$

利用求根公式得：

$$g' = \frac{\lambda \sqrt{\lambda^2(1 + \theta\sigma)^2 + (1 + \theta^2)(1 + \theta\sigma)\lambda v} - \lambda^2(1 + \theta\sigma)}{(1 + \theta^2)(1 + \theta\sigma)}$$

关于 g 的二阶导数为：

$$\frac{\partial^2 V}{\partial g^2} = -\frac{2B\lambda^2}{(g + \theta^2 g + \lambda^2)^3}\left[2(1 + \theta^2)(g + g\sigma\theta - v\lambda) - \right.$$

$$\left. (1 + \sigma\theta)(g + \theta^2 g + \lambda^2)\right]$$

将 g' 代入上式，可证：

$$2(1 + \theta^2)(g' + g'\sigma\theta - v\lambda) - (1 + \sigma\theta)(g' + \theta^2 g' + \lambda^2)$$

$$= g'(1 + \theta^2)(1 + \sigma\theta) - 2v\lambda(1 + \theta^2) - \lambda^2(1 + \theta\sigma)$$

$$= \lambda \sqrt{\lambda^2(1 + \theta\sigma)^2 + (1 + \theta^2)(1 + \theta\sigma)v\lambda} - 2\lambda^2(1 + \theta\sigma) -$$

$$2(1 + \theta^2)v\lambda$$

$$< \lambda \sqrt{\lambda^2(1 + \theta\sigma)^2 + (1 + \theta^2)(1 + \theta\sigma)v\lambda + \left(\frac{(1 + \theta\sigma)v\lambda}{2}\right)^2} -$$

$$2\lambda^2(1 + \theta\sigma) - 2(1 + \theta^2)v\lambda$$

$$= \lambda\left[\lambda(1 + \theta\sigma) + \frac{(1 + \theta\sigma)v\lambda}{2}\right] - 2\lambda^2(1 + \theta\sigma) - 2(1 + \theta^2)v\lambda$$

$$= -\lambda^2(1 + \theta\sigma) - \frac{3}{2}(1 + \theta^2)v\lambda < 0$$

所以，在 g' 点的二阶导数 $\frac{\partial^2 V}{\partial g'^2} > 0$。根据极值判断第二充分条件，$V(g)$ 在 g' 处连续可导，且 $V'(g') = 0$，$V''(g') < 0$，则在 g' 点取极小值。在定义域 $g \in (0, 1]$ 上有唯一驻点，因此 g' 点是全局最小值，当研发方的低碳研发技术水平为 g' 时，废弃产品回收的碳减排量最低。

证毕。

从命题 4.4 中可以发现：让研发方参与电子废弃产品回收的闭环系统中，其会根据自身真实的低碳技术水平选择在两个阶段的努力投入决策，因而废旧电子产品回收过程的减排量与研发方低碳技术水平并非简单的线性关系，生产商不能仅凭低碳研发水平而判断回收减排效果。在 S－D 模型中两者变化情况更为复杂。

二　双方减排重要度对收益分配比例和减排的影响

推论4.4　在预先承诺收益分配比例的 S－P 契约中，当研发方对回收减排的重要度相对较高时 $(I_R > I_M)$，生产商提高收益分配比例 α，有助于提高整体减排效果；但当生产商在回收减排中的重要度相对较高时 $(I_R < I_M)$，提高收益分配的比例 α 反而使回收处理的碳排放量增加。

证明：根据假设4，低碳设计的总减排量为 $V = K + \sigma e_2 + v e_m = \alpha(g + \sigma\theta g - \lambda v) + \lambda v + pv^2$，$V$ 是关于 α 的线性函数，当 $g + \sigma\theta g - \lambda v > 0$ 时，呈递增关系，反之呈递减关系。

生产商在决策合作的收益共享比例时，要考虑到双方在减排中的贡献度。观察系数可以发现：在 $g(1+\theta\sigma)$ 中，σ 是关于研发方在回收处理阶段的投入对减排的影响系数，θ 是研发方在回收中的投入对销售收入的影响系数，g 是研发方的低碳技术水平，因此定义 $I_R = g(1+\theta\sigma)$ 为研发方在创新减排中的重要度；而在 λv 中，v 是生产商的销售回收努力对减排的影响系数，λ 是生产商在销售回收阶段的努力对收入的影响，因此将 $I_M = \lambda v$ 定义为生产商在创新减排中的重要度。因此，从生产商的决策契约条款的角度分析，为降低供应链整体的碳排放量：当 $I_R > I_M$ 时，即研发方对回收减排的重要度相对较高时，生产商应该提高收益分配比例 α，激励研发方的减排投入；当 $I_R < I_M$ 时，即生产商在回收减排中的重要度相对较高时，为达到较好的减排效果，生产商应降低给予研发方的收益分配比例。

三　碳税系数 p 和低碳技术水平 g 对减排的影响

以上研究单独分析了低碳技术水平对减排的影响，实际上，当政府设置的碳税政策发生变化时，企业的决策也会发生改变，以下将分析企业低碳研发技术水平和碳税系数两个变量同时变化对减排效果的影响。

命题 4.5　考虑废弃产品回收征收的碳税系数 p 不同，在延迟承诺收益分配比例的 S－D 模型中，研发方的低碳研发技术水平 g 存在一个阈值 κ：当 $\kappa < g \leqslant 1$ 时，碳减排量随碳税系数 p 的增加而增大；当 $0 < g \leqslant \kappa$ 时，碳减排量随碳税系数 p 的增加而降低。

证明：在 S－D 模型中取最优解时的减排量为：

$$V^n = e_1^n + \sigma e_2^n + v e_m^n$$

$$= \left(1 + \frac{\theta g\sigma - v\lambda}{\lambda^2 - 2\theta^2 g}\right) e_1^n + \frac{(\theta g\sigma - v\lambda)(pv\lambda + \lambda^2 - \theta^2 g - p\sigma\theta g)}{\lambda^2 - 2\theta^2 g} + v\lambda + pv^2$$

将命题 4.3 中的最优解 e_1^n 代入，可得减排量是关于碳税系数的一次函数，令 $\dfrac{\partial V^n}{\partial p} = 0$，得 $\dfrac{(B+1)}{C}(\sigma\theta^3 g^3 + \sigma\theta g^2\lambda^2 - 3\theta^2 g^2 v\lambda) +$

$B(v\lambda - \sigma\theta g) + v^2 = 0$，式中，$B = \dfrac{\theta g\sigma - v\lambda}{\lambda^2 - 2\theta^2 g}$，$C = 3\theta^2 g^2 +$

$(\lambda^2 - 2\theta^2 g)^2$。

讨论：当方程在 $(0, 1]$ 有解时，记 $g' = \kappa$，则在 $\kappa < g \leqslant 1$ 时，$\dfrac{\partial V^n}{\partial p} > 0$，减排量 V^n 随 p 的增加而增大；在 $0 < g \leqslant \kappa$ 时，$\dfrac{\partial V^n}{\partial p} \leqslant 0$，减排量 V^n 随 p 的增加反而降低。

证毕。

命题 4.6 碳税系数 p 和研发技术水平 g 同时变化时两种模型的减排效果比较：当 $p > \tau$ 时，预先承诺收益比例的 S－P 模型减排效果较好；当 $p < \tau$ 时，延迟承诺收益比例的 S－D 模型减排效果较好。

证明：将两种模型下的双方最优努力代入减排量公式，S－P 模型下减排量为 $V^s = e_1^s + \sigma e_2^s + v e_m^s$，S－D 模型下减排量为 $V^n = e_1^n + \sigma e_2^n + v e_m^n$。令 $V^s > V^n$，可以求得：$Wp > Q$。其中，

$$W = \frac{(g + \sigma\theta g)(g + \theta g\sigma - v\lambda)}{g(1 + \theta^2) + \lambda^2} -$$

$$\frac{(\sigma\theta g^2\lambda^2 + \sigma\theta^3 g^3 - 3\theta^2 g^2 v\lambda)(\lambda^2 - 2\theta^2 g - \theta\sigma g + v\lambda)}{[3\theta^2 g^2 + (\lambda^2 - 2\theta^2 g)^2](\lambda^2 - 2\theta^2 g)} + \frac{(v\lambda - \sigma\theta g)^2}{\lambda^2 - 2\theta^2 g}$$

$$Q = \frac{(\theta^4 g^3 - 2\theta^2 g^2\lambda^2)(\lambda^2 - 2\theta^2 g - \theta\sigma g + v\lambda)}{[3\theta^2 g^2 + (\lambda^2 - 2\theta^2 g)^2](\lambda^2 - 2\theta^2 g)} -$$

$$\frac{(g+\theta^2 g)(g+\theta g\sigma-v\lambda)}{g(1+\theta^2)+\lambda^2}+\frac{\lambda^2-\theta^2 g}{\lambda^2-2\theta^2 g}$$

所以，在 $W\neq 0$ 且 $p>\dfrac{Q}{W}=\tau$ 时，采用 S－P 模型的减排量大于 S－D 模型，反之亦然。

管理意义：这说明企业进行低碳研发合作，不但要考虑合作方的真实研发技术水平，还要考虑政府设置的碳税政策。在延迟契约中，当研发方的技术水平在一个较低的范围内，提高碳税税率反而会导致碳排放量的增加，对减排造成负面作用。从两种契约的比较看，在一个较高的碳税水平下，生产商责任较大，要实现预期的减排效果，就需要在研发初期签订完整的合作契约，采用 S－P 模型；而若在较低的碳税水平下，生产商后期损失的风险较小，更具有谈判优势，因此采用 S－D 延迟模型的减排效果更好。

第五节 数值算例

在满足上述定理和推论的取值范围内给参数赋值：令 $\theta=1.5$，$\lambda=1$，$\sigma=3$，$v=1$，$p=0.5$，进行数值算例的分析。

一 研发方技术水平变化对契约决策变量的影响

如图 4－3 所示，两种契约模型中的比较结果为：当研发方的低碳技术水平较低时，有 $\alpha^D>\alpha^P$；当低碳技术水平较高时，$\alpha^P>\alpha^D$。随着 g 在定义域内变化，有 $\omega^D>\omega^P$，且在 S－P 模型中预先

支付 ω^P 为负值。随着研发方低碳技术水平的增加，在 S - P 模型
中收益分配比例逐渐增加，从 0 增加到 1.41，这是由于生产商将
后期减少的碳税作为给研发方的特殊激励；但是，预先支付为负
值且绝对值逐渐增加，这表明在项目研发之初，由于对项目低碳
预期的不确定性，生产商会要求研发方缴纳一定的合作定金，技
术水平越高的企业越愿意缴纳更多的定金，以显示自身对该合作
项目的信心和实力。

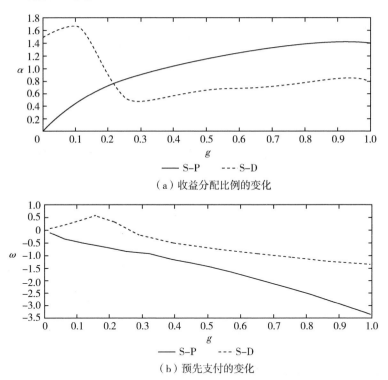

（a）收益分配比例的变化

（b）预先支付的变化

图 4 - 3　低碳研发技术水平 g 对收益分配比例和预先支付的影响

　　然而，在延迟承诺收益分配比例的 S - D 契约中，生产商将等
待验证产品的低碳转化度之后，即看到第一阶段研发方的努力投入
之后，再决定收益分配的比例。更确切的信息需要生产商付出一定

的信息成本，因此契约条款明显不同。

（1）$g \in (0, 0.09]$，α 从 1.5 上升到 1.68 时，达到最大值。这说明，当研发方的低碳技术水平非常低时，其研发努力的边际成本（$\partial c_1 / \partial e_1 = e_1 / g$）较高，因而其不会在低碳设计中投入过多，生产商为了降低碳排放量只能采用提高收益分配的方法激励研发方在第二阶段的努力投入。

（2）$g \in (0.09, 0.29]$，α 从 1.68 快速下降到 0.48 时，达到最小值。这表明当研发方的研发技术水平有所提升时，生产商对于该低碳创新项目逐渐持乐观态度，根据废弃电子产品的 EPR 制度，生产商为了减少最终产品的碳排放，会增加在销售回收阶段的低碳投入。因此，生产商对于降低减排成本的贡献度大于研发方，给予研发方的收益分配比例 α 明显减小。

（3）$g \in (0.29, 1]$，α 从 0.48 逐步增长到 0.79。当研发技术水平处于较高阶段时，研发方对创新项目成功的期望增加，产生了两阶段之间的内部激励，研发方会加大努力投入，因此，预先支付对第一阶段的激励效果将减弱。从生产商角度而言，研发结束后观察到产品低碳化程度提升，其会减少在第二阶段的投入，而是采用逐渐增加的收益比例激励研发方回收投入。这一区间的决策变量的变化趋势与 S - P 模型一致。

二　系数变化对碳减排的影响

（一）g 变化对回收减排的影响

下面通过数值算例验证回收过程中减排量与研发方技术水平 g、双方对回收减排的影响系数之间的关系（见图 4 - 4）。

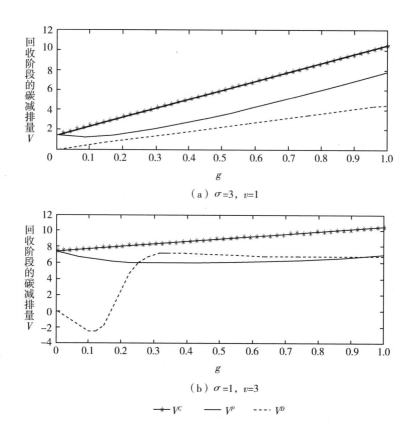

（a）$\sigma = 3$，$v = 1$

（b）$\sigma = 1$，$v = 3$

$\longrightarrow V^C$　　$\longrightarrow V^P$　　$----\ V^D$

图4 - 4　低碳研发技术水平 g 变化对回收减排的影响

在图4 - 4（a）中，$\sigma = 3$，$v = 1$，表明研发方回收处理的努力对回收减排的影响较大时，减排量 $V^C > V^P > V^D$；在图4 - 4（b）中，$\sigma = 1$，$v = 3$，表明生产商的投入对回收减排的影响较大，这时 g 的取值在一定范围内存在 $V^P < V^D$。出现这种情况的原因是：研发方减排贡献较大时，研发契约的激励机制将发挥作用，生产商选择减少投入；而当生产商在减排中的贡献较大时，会降低在契约激励中的投入，转而加大自身在销售回收中的投入，从而减小 EPR 的回收责任。因此，当系数在一定取值范围内，延迟承诺收益比例的契约能产生更好的减排效果。

本章结合数值分析以及双方的努力投入变化（见图4－5），得出如下分析。

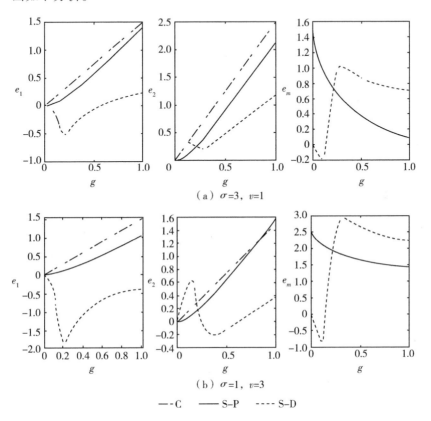

图4－5　三种模型下 g 对双方努力投入的影响

（1）根据推论4.1，研发方获得的收益分配比例逐渐增加，其在两个阶段的投入都会增加，但受低技术水平限制的影响，努力的边际成本较低，投入增长的速度较低，因此其对减排的贡献增长缓慢。

（2）同时，随着研发方技术水平的增长，生产商为获得更多利润会减少第二阶段的投入（比如减少回收渠道的布局），完全依赖对研发方的契约激励效果。以上这两方面原因综合导致在研发技术水平较低的一段区域：$g \in (0, g') = (0, 0.08)$，随着 g 的增加，整体减排效果反而变差。当低碳开发的技术水平较高时，低碳投入的边际成本降低，研发方更愿意投入较多努力，以获得更高的收益分配比例。由此可见，研发方所具有的低碳研发技术能力对供应链决策有重要影响。

值得观察的是在图 4 – 5（b）中，当研发方的努力在减排中贡献度较大时（$\sigma > v$），S – D 模型中的碳减排量随技术水平的增大出现上下波动，可以发现：

第一，$g \in (0, 0.11)$ 时，V^D 逐渐下降。当研发方技术水平 g 很低时，设计减排投入的边际成本较高，且其对第二阶段的收益持悲观态度，故研发方放弃研发设计阶段的努力。受到分成比例的激励，其会将全部的减排努力投入回收阶段，甚至超过集中决策中的努力，有 $e_2^D > e_2^C$。另一方面，生产商观察到创新产品并未产生减排效果且研发者技术水平极低，故其不会在产品销售和回收中进行投入。因此，在 g 非常低的区间内，整体的产品回收处理过程并未产生减排效应，反而增大了碳排放量。与 S – P 模型中的下凸不同，这里减排效果的下降是研发方和生产商同时低投入的结果。

第二，$g \in (0.11, 0.36)$ 时，V^D 逐渐上升。这一区间内，尽管研发方在设计阶段的低碳投入为负，但由于收益分配从较高点逐渐减小，因此其在回收处理过程的投入也逐步降低。与此同时，生产商观察到产品的低碳度略有改进，且自身在最终减排中的作用加大，为防止减排不利的惩罚，会大幅度增加其在第二阶段的投入［见图 4 – 5（b）中 e_m 的变化］。生产商加大投入促进了整体的减排量逐渐增大。

第三，$g \in (0.36, 0.87)$ 时，V^n 缓慢下降；随着 g 逐渐增加到 1，V^D 有缓慢上升的趋势。这一过程中，随着研发方自身低碳研发技术水平的上升，双方对新产品回收处理的减排效果更具信心，研发方在两阶段的投入都有所增加。以利润最大化为目标，生产商发现在这一区域收益分成的激励机制比在第二阶段的努力投入更具有优势，因此会略微降低 e_m^n 的投入，但下降的趋势逐渐变缓。这一区间的回收减排量变化是生产商努力减小和研发方的投入相对提高的叠加效果。

（二）两个参数变化下减排量的变化

接下来分析当碳税系数 p 在（0，1）的取值不同时，随研发方低碳研发技术水平 g 的增长，采用 S - D 模型下闭环供应链整体的减排量变化，结果见表 4 - 1。

表 4 - 1　　　　　S - D 模型中碳减排量的变化（$\sigma = 1$，$v = 3$）

p＼g	0. 15	0. 17	0. 1752	0. 2	0. 5	0. 8
0. 1	− 0. 4605	0. 2104	0. 4166	1. 4271	3. 2885	3. 2699
0. 2	− 0. 7282	0. 1455	0. 4162	1. 7507	4. 2260	4. 1376
0. 3	− 0. 9959	0. 0807	0. 4158	2. 0743	5. 1635	5. 0053
0. 4	− 1. 2636	0. 0158	0. 4153	2. 3979	6. 1010	5. 8731
0. 5	− 1. 5313	− 0. 0490	0. 4149	2. 7214	7. 0385	6. 7408
0. 6	− 1. 7990	− 0. 1139	0. 4145	3. 0450	7. 9760	7. 6085
0. 7	− 2. 0667	− 0. 1787	0. 4140	3. 3686	8. 9135	8. 4762
0. 8	− 2. 3344	− 0. 2436	0. 4136	3. 6921	9. 8510	9. 3440
0. 9	− 2. 6021	− 0. 3084	0. 4132	4. 0157	10. 7885	10. 2117
1	− 2. 8698	− 0. 3733	0. 4128	4. 3393	11. 7260	11. 0794

根据命题 4.5 计算得到研发技术水平 g 的阈值 $\kappa = 0.1752$，从

表 4 – 1 中也可以看出：$0.1752 < g < 1$ 时，减排量随 p 的增大逐渐增加；$0 < g \leqslant 0.1752$ 时，减排量随 p 的增大反而降低。根据推论 4.4 的分析（见图 4 – 3），研发方技术水平很低时（$0 < g < 0.2$），生产商会给予很高的预先支付和分配比例，以激励其参与低碳研发投入。

三　供应链总期望利润的对比

通过比较在三种契约模型下供应链总体期望利润的大小，并且分析不对称信息对其的影响，可以得到如下推论。

推论 4.5　随着 g 在 $(0, 1]$ 逐渐增大，三种契约模型下供应链总期望利润满足 $\pi^c > \pi^s > \pi^n$。且在集中决策模型 C 和预先承诺模型 S – P 中，总期望利润随 g 的增大而增加；在延迟承诺模型 S – D 中，总期望利润随 g 的增大出现下降再增长的趋势。

在 S – P 模型中，供应链的总利润为：

$$\pi_{all} = (e_1 + \theta e_2 + \lambda e_m) + p(e_1 + \sigma e_2 + v e_m) - e_m^2/2 - e_1^2/2g - e_2^2/2g$$

对 g 求一阶导数，可证：

$$\frac{\partial \pi_{all}}{\partial g} = \frac{B^2 g \left[-(1/2 + \theta^2)g + (1 + \theta^2 + p + p\sigma\theta)(g + g\theta^2 + \lambda^2) \right]}{(g + g\theta^2 + \lambda^2)^2} > 0$$

而在 S – D 模型中，总期望利润对 g 的求导过程非常复杂，通过 Matlab 实现求导计算，经过多次数值验证可得：当 g 在较小范围内，总利润有先增加后减小的趋势。在本章的算例中，$0 < g < 0.02$ 时，π^n 微弱增加；$0.02 \leqslant g < 0.16$ 时，π^n 逐渐下降，出现负值；$g \geqslant 0.16$ 时，π^n 又逐渐增大（见表 4 – 2）。

表 4 - 2　　　　　　　　　　三种模型下供应链总利润的变化

g	0.05	0.1	0.15	0.2	0.25	0.3	0.5	0.7	0.9
π^c	1.41	1.68	1.97	2.25	2.53	2.81	3.94	5.06	6.19
π^s	1.16	1.26	1.39	1.56	1.75	1.94	2.84	3.82	4.84
π^n	-0.003	-0.12	-0.25	-0.07	0.45	0.93	2.05	2.86	3.62
$\Delta\pi$	1.16	1.38	1.64	1.63	1.30	1.01	0.79	0.96	1.22

表 4 - 2 中 π^c、π^s、π^n 分别表示在集中决策模型、S - P 模型、S - D 模型下供应链的总期望利润。采用 Stackelberg 博弈，假设研发方的保留利润为 0，因此供应链总期望利润等于生产商的期望利润。$\Delta\pi$ 表示生产商获取确定性信息的费用。数值算例分析为：

（1）预先承诺机制下生产商的期望利润总是大于延迟承诺机制下的期望利润。因此，作为博弈领导者的生产商更愿意在研发合作之初就设计收益分配比例，以此激发研发方的低碳设计。而采用延迟承诺机制的原因是生产商想要获得确定的低碳创新研发结果。但是为了获得确定的研发信息，生产商要付出相应的信息费用 $\Delta\pi = \pi_m^s - \pi_m^n$，并且随着 g 的增大，$\Delta\pi$ 的值会发生上下波动（见表 4 - 2）。实际上，延迟承诺损害了研发方的低碳设计积极性，因此降低了供应链的总体利润。

（2）在 Stackelberg 博弈中，为了保证研发方的参与合作，研发方应能获得最低的保留利润（本章假设为 0）。在 S - D 模型中，当低碳研发技术水平很低时，供应链的减排效果非常差（根据表 4 - 1 的数值分析，碳减排量为负，意味着增加了碳排放），加大了生产商延伸责任所应缴纳的碳税，因而当 g 的取值在一个较小范围内（$g \in [0.05，0.20]$），生产商的期望利润为负。假如采用延迟承

诺机制，生产商要避免与低碳研发技术水平处于这一区间的企业
合作。

第六节　本章小结

在考虑废旧电子产品回收的碳排放问题时，全球诸多国家和地
区采用了 EPR 责任制，即由生产商承担电子产品回收应缴纳的费
用。然而，EPR 制度实施的根本目的在于激发产品的绿色创新设
计，从源头减少产品的碳排放量。因此，本章在生产商、研发方和
消费者组成的闭环供应链中，考虑了消费者的绿色环保意愿，将创
新产品的生产商作为博弈的领导者，为生产商和研发方提供了两种
基于收益共享的创新研发合作契约。因为零部件产品的创新研发结
果具有不确定性，因此生产商会选择预先承诺收益共享比例或者在
第一阶段产品研发之后给出收益共享的比例，这两种模型的区别在
于：生产商是否在观察到一定信号之后再做契约决策，因而产生了
信息的价值。模型对比研究表明：第一，在由研发方负责供给部件
的回收处理闭环供应链中，采用预先约定收益比例的 S－P 模型时
供应链整体收益水平较高。第二，就降低碳排放量而言，S－D 模
型在一定参数取值区间内优于 S－P 模型。

本章还探讨了研发方低碳研发技术水平的变化、双方贡献度、
碳税对减排结果的影响。

首先，低碳研发技术水平较高的合作方对研发实力更有自信，
因而 S－P 模型中其会承诺更多的项目开发保证金，同时要求更高
的收益分配比例，在 S－D 模型中相反。

其次，双方减排的贡献度对低碳回收效果有一定影响，当零部

件的绿色设计对产品回收起关键作用时，减排量随研发方低碳技术水平的增加而增大，S－P 模型的减排效果较好；当生产商的回收渠道布局起重要作用时，其会降低对研发方设计激励的投入，采用S－D 模型在一定区间减排效果较好。

最后，在 EPR 制度中，生产商不仅要考虑研发方的低碳技术水平，还要考虑政府设置的碳税水平。当研发方的研发技术水平较低时，较高的碳税反而对供应链整体的减排产生负面作用。

我国对 EPR 制度的实施仍在讨论中，但在国际社会有很好的研究背景，因此本章尚有以下内容需要进一步扩展研究：如何在产品竞争市场的环境中采用 EPR 制度；探讨在研发方信息不对称情景下，生产商激励契约机制的设计；研究在我国实施废旧电子产品闭环回收和由第三方承担回收处理的效果比较。

第五章 不对称信息下考虑低碳回收的 合作研发契约更新机制

为提升供应链内部的协作性和产品的绿色度，生产商希望供应链合作伙伴尤其是研发方能共享研发过程。在新产品合作研发中，信息不对称一般指生产商在选择研发合作伙伴时的逆向选择和签订研发合同后行动信息不对称的道德风险，这与第三章研究的内容相似，而本章将研发方和生产商的合作进一步延伸，让研发方参与废弃产品零部件的回收过程，从产品研发阶段就开始关注低碳回收的问题。同时，本章主要考虑研发方低碳研发技术水平为不对称信息的情况。

本章在两阶段闭环供应链系统中，采用 EPR 制度，由生产商承担废旧产品回收责任。废旧产品通过生产商的市场渠道进行回收，其中关键部件经过逆向物流交还研发方进行回收、分解、提炼、再利用等。由于许多创新产品中关键部件的构成具有专利保护，某些特殊原材料具有稀缺性，研发方参与回收一方面可以对原材料再利用，防止产品专利泄露；另一方面研发方对生产过程、材料性能非常了解，能有效利用研发实验室的技术设备，对废旧零部件进行低碳分解和材料转化处理（Schöggl et al.，2017）。因此，在两阶段的研发合作契约中既要分辨研发方的真实低碳研发技术水平，又要激励其完成低碳回收阶段的任务。

实际产品创新，尤其是电子产品、药品、高科技产品的研发，具有不确定性。即使在研发合同签订后，研发方在不断的研发活动中仍有可能通过努力，提升产品的可回收性，通过产品设计和原材料选用等减少废弃产品对环境和人类的污染。第三章研究了不对称信息下的甄别契约模型，双方在研发之初就签订了包括固定支付和收益共享比例的合作契约，因此，研发方会根据给定的契约条款选择自身的努力投入，以实现最优利润。努力投入一旦在开始被确定，即使后续研发中出现新的机会创造低碳产品，研发方也不会主动投入。显然，这种不具备谈判能力的甄别契约并不利于低碳产品的创新研发。

因此，本章设计了可更新的甄别契约。当研发方参与闭环系统的废弃产品处理回收过程时，提供可更新的低碳研发合作契约具有更好的实用性：第一，生产商可以根据研发方契约的选择和研发结果，判断研发方的真实信息，调整第二阶段的契约参数以获得更多的利润；第二，考虑到双方在回收阶段的重要性，作为谈判的筹码，使产品得到更好的市场推广和废弃产品的回收；第三，研发方要平衡在研发阶段和回收阶段的努力投入，这在一定程度上降低了道德风险。

本章研究的主要目的：第一，在研发方低碳研发技术水平信息不对称的情景下，探讨生产商如何设计研发合作初始契约和更新契约，以诱使研发方在签约之初显示自己的真实信息。第二，当双方在市场推广和回收阶段的重要度不同时，生产商的契约应如何更新收益分配比例。第三，信息不对称对双方利润和供应链回收减排效果的影响。

第一节 模型描述与问题假设

一 变量解释

（一）决策变量

e_{1i}：i 类型的研发方在低碳设计研发阶段的努力；

e_{2i}：i 类型的研发方在废弃产品回收阶段的努力；

e_m：生产商在产品市场推广和回收布局中的努力；

α_i：初始契约中给予 i 类型研发方的收益分配比例，$\alpha_i > 0$；

ω_i：初始契约中给予 i 类型研发方的预先支付；

β_i：第二阶段更新契约中给予 i 类型研发方的收益分配比例，$\beta_i > 0$；

γ_i：第二阶段更新契约中给予 i 类型研发方的里程支付。

（二）参数变量

g_i：研发方低碳研发的技术水平，$i = h$ 为高技术水平，$i = l$ 为低技术水平；

φ：研发方是低技术水平的概率；

t_c：生产商获得的减排回收奖励；

K：低碳研发对回收减排效果的提升；

V：低碳合作回收减少的碳排量；

p：政府低碳回收的补贴系数，$0 < p < 1$；

σ：研发方在废弃回收阶段的努力对减少碳排放的影响系数；

v：生产商在销售推广和回收阶段的努力对减少碳排放的影响系数；

θ：研发方在废弃回收阶段的努力对收益的影响系数；

λ：生产商在销售推广和回收阶段的努力对收益的影响系数；

ε：其他不确定因素对市场收益的影响，$\varepsilon \sim N(0, \eta^2)$。

二　研究问题描述

本章主要研究在研发方信息不对称的情境下，如何激励上游研发方参与废弃产品的回收过程，从而面向产品整个生命周期进行低碳设计研发。通过生产商对合作契约的更新，降低不完全信息对供应链带来的风险。某电子产品生产商，类似苹果、小米科技、Veolia（法国公司）等，通过和上游供应商合作研发一种新材料高效能电池（如 First Solar），从而建立一个闭环的低碳研发回收系统，以减少废弃电子产品对环境的污染，提高供应链的可持续发展。本章假设该创新电子产品处于垄断市场，消费者的环境意识强烈，愿意为可回收性高的低碳产品支付更高的价格。当前，我国政府正在实施 EPR 试点工作，并成立了专项基金对实施低碳减排的生产商进行补贴。因此，当研发方提供更易回收、对环境无污染的高效能电池并且合作完成低碳回收过程时，生产商会获得相应的政府补贴。从运营管理的角度看，这是一个存在不对称信息的委托代理问题；从经济学角度看，这也是如何解决废弃电子产品回收的闭环经济问题，促使供应链成员共担废弃产品回收处理的责任。

因此，在传统 Stackelberg 博弈的基础上，本章采用包括预先支付、收益共享和里程支付的混合契约，并增加了不对称信息的甄别和契约的更新。生产商为博弈的领导者，设计契约并主导产品的市场推广和回收。研发方为博弈的跟随者，但通过其低碳研发可以获得更好的契约更新条款，并负责最终电池的回收处理。

闭环供应链的合作过程分为两个阶段（见图 5 – 1）：第一阶段为关键部件（电池）研发生产阶段，第二阶段为市场销售和回收处理阶段。生产商在研发合作开始时，针对不同研发方类型 i，给出包含预先支付 ω_i 和收益共享系数 α_i 两个参数的甄别契约 (α_i, ω_i)，有 $\alpha_i > 0$。研发方基于自身的低碳研发技术水平 g_i，根据初始契约确定在研发阶段的努力 e_{1i}。研发方的努力无法在契约中规定，是其私有行动。

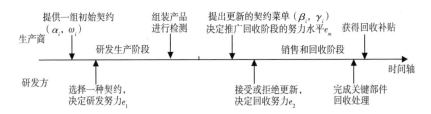

图 5 – 1 生产商和研发方在两阶段的合作过程

由于研发方的努力难以被直接观测，低碳技术的转化效果需要通过检测得到证实。生产商对研发方提供的新电池进行检测，用 $K = e_1\eta$ 表示经过低碳研发后回收减排效果的提升，其中 η 表示技术转化效果的随机因素，是均值为 1 且可行域为 $[0, \infty)$ 的随机变量。

进入第二阶段，生产商根据检测结果对契约进行更新 $(\beta_i, \gamma_i) \mid K$，其中，$\gamma_i$ 表示对 i 类研发方的里程支付，β_i 表示 i 类研发方的更新收益共享系数，$\beta_i > 0$。研发方可以选择接受或拒绝更新的契约。由生产商进行市场推广并制定回收政策，其在第二阶段的努力为 e_m。在闭环系统中，生产商从其回收渠道将消费者手中的废弃电子产品收回，并将拆解的废旧电池运送到研发方工厂进行回收处理。从 Veolia 和 First Solar 公司闭环回收案例中，可以看到新材料的生产厂更了解电池的回收特性，因此相对第三方回收公司，能更有效地回收利用废旧电池。研发公司在回收阶段的努力为 e_{2i}。

三　模型假设

假设 1　研发方的低碳研发技术水平是其私有信息。不失一般性，假设研发方分为低技术水平和高技术水平，其研发技术系数分别为 g_l 和 g_h，且有 $0 < g_l < g_h$，g_h 表示研发方拥有先进的低碳研发技术。当然，在相同的研发努力情况下，更高的技术水平带来更少的研发成本；同样，在相同的投资水平下，更高的技术水平意味着研发方可以投入更多的努力，获得更好的减排效果。在不对称信息下，生产商只知道研发方是低技术水平 (g_l) 的概率是 φ，是高技术水平 (g_h) 的概率是 $1 - \varphi$。

假设 2　努力成本函数是严格递增且为凸性，研发方在低碳研发阶段的努力成本函数为：

$$c_{1i} = e_{1i}^2/2g_i$$

其中，g_i 越大说明研发方的减排研发技术水平越先进。研发方在回收阶段采用相同的低碳技术规模和技术水平进行废旧产品处理提炼，其在回收阶段努力的成本函数为：

$$c_{2i} = e_{2i}^2/2g_i$$

生产商在市场推广和回收渠道建设中的努力成本函数为：

$$c_m = e_m^2/2$$

假设3　关注产品研发方对最终电子产品废弃回收的减排贡献。本章不计产品在生产商工厂的组装过程中产生的碳排放问题，因为生产商的责任延伸主要指对最终废弃产品的回收、运输、拆解、提炼、处理掩埋等过程承担责任。最终产品回收过程减少的碳排放与研发方低碳研发努力、回收努力、生产商在市场回收努力呈正向关系。因此，回收过程减少的碳排放量为：

$$V = e_1 + \sigma e_2 + v e_m$$

其中，σ 是研发方的回收处理投入对减排的影响系数，$\sigma > 0$。v 是生产商的市场推广和回收努力政策投入对减排的影响系数，$v > 0$。

我国在2011年开始实施《废弃电器电子产品回收处理管理条例》，并于2012年设立"废弃电器电子产品处理基金"用于回收处理企业的费用补贴。假设实施 EPR 后，生产商通过低碳设计、减排回收能获得政府的费用补贴。补贴数额依据政府设定的补贴系数和降低的碳排放量，用 p 表示补贴系数，有 $p > 0$。因此，通过与研发方进行以减排回收为目标的研发设计，生产商可以获得的低碳回收补贴额为：

$$t_c = p(e_1 + \sigma e_2 + v e_m)$$

假设4　消费者对低碳环保产品有特殊偏好，愿意为能低碳回收的创新产品支付更高的价格。因此，生产商出售单位产品的销售收入可写为：

$$R = K + \theta e_2 + \lambda e_m + \varepsilon$$

其中，θ 是研发方在回收处理阶段的努力对销售收入 R 的影响系数，且 $\theta > 0$。λ 是生产商在市场销售和回收阶段的努力对销售收入的影响系数，且 $\lambda > 0$。ε 表示其他不确定性因素对收入的影响，假定 $\varepsilon \sim N(0, \delta^2)$。如果 $\theta > \lambda$，则说明在第二阶段研发方回收努力的重要性大于生产商的推广努力，消费者更关注该产品的技术创新和废弃产品对环境的影响，因此研发方在契约更新谈判中占有优势。如果 $\theta < \lambda$，则说明销售收入受产品销售推广和回收渠道投入的影响较大，生产商在契约更新谈判中占有优势。假设双方都是风险中性。

第二节　两阶段的契约更新

在不对称信息下，契约设计的目的是为生产商设计最优的策略，获得最大利润并促使研发方在首轮合作中讲实话。在有契约更新的不对称信息博弈中，最优契约解应该是完美贝叶斯均衡解。首先，生产商在研发合作开始前给出分别针对低、高水平研发方的初始契约菜单 (α_i, ω_i)，有 $i \in \{l, h\}$，研发方根据自身的技术水平选择其中之一。在研发结束后，在观察到零部件的低碳水平和对方的努力之后，生产商会更新对研发方技术类型的信念 $\{i \mid K\}$，然后提出更新契约 (β_i, γ_i) 的建议。如果研发方接受更新，就会在第二阶段开始时收到里程支付 γ_i，并且收益共享的分配系数更新到 β_i。如果研发方拒绝接受更新的契约，则仍然按照最初的契约执行。

一　市场阶段的更新契约

按照逆向求解法，先从市场阶段的更新契约进行分析，面对生产商提出的更新契约，研发方这时有以下两种选择。

（一）拒绝更新

双方仍然执行初始契约，则研发方在第二阶段的期望利润为：

$$\pi_{R(r)} = \alpha_i E(R) - c_{r2}(e_2)$$
$$= \alpha_i(e_1 + \theta e_2 + \lambda e_m) - c_{r2}(e_2) \qquad (5-1)$$

令 $\partial \pi_{R(r)} / \partial e_2 = 0$，可得研发方自身期望利润最大时的回收最优努力为：

$$e_2^* = \alpha_i \theta g_i$$

当契约没有更新时，生产商在第二阶段的期望利润为：

$$\pi_{M(r)} = (1-\alpha)E(R) - c_m(e_m) + t_c$$
$$= (1-\alpha)(e_1 + \theta e_2 + \lambda e_m) - e_m^2/2 +$$
$$p(e_1 + \sigma e_2 + v e_m) \qquad (5-2)$$

这时，生产商在市场推广和回收政策制定时的最优努力为：

$$e_m^* = (1-\alpha_i)\lambda + pv$$

（二）接受更新契约

若研发方接受契约更新，则会在第二阶段收到里程支付及更新后的收益分配比例，研发方在第二阶段的期望利润为：

$$\pi_{R(a)} = \beta_i(e_1 + \theta e_2 + \lambda e_m) - c_{r2}(e_2) + \gamma_i \qquad (5-3)$$

生产商第二阶段的期望利润为：

$$\pi_{M(a)} = (1-\beta_i)(e_1 + \theta e_2 + \lambda e_m) - e_m^2/2 - \gamma_i +$$
$$p(e_1 + \sigma e_2 + v e_m) \qquad (5-4)$$

可以求得在接受契约更新的情况下，双方的第二阶段的最优努力：

$$e_2^* = \beta_i \theta g_i$$

$$e_m^* = (1-\beta_i)\lambda + pv$$

值得关注的问题是：生产商在观察到更多的信息之后，会更新自己对研发方类型的估计，计划通过新的契约参数来约定双方在回收阶段的合作模式。因此，生产商想要研发方接受新的契约，就必须保证研发方在新的契约下得到的利润不少于在初始契约中的利润。也就是说，新的契约条款一定是针对某一类研发方的帕累托最优改进的契约。因此，生产商更新契约的最优目标规划问题为：

$$\max_{0 \leqslant \beta_i \leqslant 1, \, \gamma_i} \pi_{M(a)} \{\beta_i, \, \gamma_i \mid K\} \qquad (5-5)$$

$$\text{s. t.} \quad \pi_{R(a)} \geqslant \pi_{R(r)} \geqslant 0 \qquad (5-6)$$

目标函数式（5-5）是当研发方是 i 类型时生产商的最大化期望利润。因此，这个问题可以针对高、低技术水平的两种类型研发方分别求解。为了诱使研发方接受更新的契约，约束条件（5-6）保证了研发方接受更新的利润不少于拒绝更新时的利润，并且无论接受更新与否，都能保证至少获得自己的保留利润。根据假设4，研发方是风险中性，我们假设其保留利润为0。求解这个目标问题，可以得到最优的更新条款。

观察到研发方在低碳研发中付出的努力信息之后，作为博弈领导者的生产商会将合作契约更新，得到如下研究发现。

命题5.1　在更新契约中，生产商的里程支付为 γ_i^*，更新后的市场收益分配比例 β_i^* 为：

$$\gamma_i^* = \alpha_i \left[e_1 + \frac{\theta^2 \alpha_i g_i}{2} + \lambda^2 (1 - \alpha_i) + pv\lambda \right] -$$

$$\beta_i^* \left[e_1 + \frac{\theta^2 \beta_i^* g_i}{2} + \lambda^2 (1 - \beta_i^*) + pv\lambda \right] \qquad (5-7)$$

$$\beta_i^* = \frac{(\sigma p\theta + \theta^2) g_i}{\lambda^2 + \theta^2 g_i} \qquad (5-8)$$

证明：在市场销售和回收渠道的布局策略中，生产商的目标是利用更新的收益分配比例保证自己利润的最大化，最优的分配比例 β_i^* 一定是帕累托最优解，两种类型的研发方都更愿意接受新的契约。因此，约束条件（5-6）应该是紧约束，可以得到 $\gamma_i^* = f(\beta_i)$，将 γ_i^* 代入目标函数式（5-5）。为得到最优的收益分配比，令 $\frac{\partial \pi_M}{\partial \beta_i} = 0$，可得 $\beta_i^* = \frac{\sigma p \theta g_i + \theta^2 g_i}{\lambda^2 + \theta^2 g_i}$。再将 β_i^* 代入里程支付函数 $\gamma_i^* = f(\beta_i)$，最终得到更新契约的两个参数。

推论 5.1 （1）存在 $\beta_h^* > \beta_l^*$。（2）β_i^* 与 σ、σ/θ 成正相关关系，但与 λ、λ/θ 成负相关关系。（3）在其他参数不变的情况下，当研发方在废弃回收阶段的努力对收益的影响系数 $\theta = \theta_1^*$ 时，可以得到最小的收益分配比例；当 $\theta = \theta_2^*$ 时，得到最大的收益分配比例，且有 $\theta_1^* < \theta_2^*$。

证明：根据式（5-8）可以推出 $\beta_i^* = \frac{p(\sigma/\theta) + 1}{(\lambda/\theta)^2 (1/g_i) + 1}$，因此可以发现最优分配比与 σ、λ、g_i、p 之间的关系。显然，低碳研发能力水平较高的研发方（技术水平为 g_h）获得的分配比例更大，$\beta_h^* > \beta_l^*$。

然后考察 β_i^* 与 θ 之间的关系。令一阶导数等于零，即 $\frac{\partial \beta}{\partial \theta} = \frac{-p\sigma g^2 \theta^2 + 2g\lambda^2 \theta + p\sigma g \lambda^2}{(\lambda^2 + \theta^2 g)^2} = 0$，利用求根公式可以得到 $\theta^* = \frac{-2g\lambda^2 \pm \sqrt{4g^2\lambda^4 - 4p^2\sigma^2 g^3}}{-2p\sigma g^2}$。

再求二阶导数 $\frac{\partial^2 \beta}{\partial \theta^2} = \frac{2g(\lambda^2 - p\sigma\theta g)}{(\lambda^2 + \theta^2 g)^2} - \frac{4\theta g^2 (p\sigma\lambda^2 + 2\theta\lambda^2 - p\sigma g\theta^2)}{(\lambda^2 + \theta^2 g)^3}$，

将两个解分别代入二阶导数，则当 $\theta_1^* = \dfrac{-2g\lambda^2 + \sqrt{4g^2\lambda^4 - 4p^2\sigma^2 g^3}}{-2p\sigma g^2}$ 时，

存在 $\dfrac{\partial^2 \beta}{\partial \theta_1^{*2}} > 0$；当 $\theta_2^* = \dfrac{-2g\lambda^2 - \sqrt{4g^2\lambda^4 - 4p^2\sigma^2 g^3}}{-2p\sigma g^2}$ 时，存在 $\dfrac{\partial^2 \beta}{\partial \theta_2^{*2}} < 0$。

因此，β_i^* 在 θ_2^* 处取得最大值，在 θ_1^* 处取得最小值，且 $\theta_1^* < \theta_2^*$。

关于推论 5.1 的分析：g_i 是研发方的私有信息，因而拥有更好的低碳研发技术的研发方会得到更高的收益分配比例的激励，即 $\beta_h^* > \beta_l^*$。σ/θ 表示研发方的低碳设计在回收减排和吸引消费者两方面作用的比较。随着 σ 的增加，研发方在第二阶段废弃产品回收中的影响越重要，其在重新谈判中的主动权越大，因而能获得更好的收益分配比例，但同时也要保证在回收中的投入，防止道德风险问题。λ/θ 表示生产商和研发方在产品市场销售中的影响，若 $\lambda/\theta > 1$，说明生产商在市场推广中扮演重要角色，这时在第二阶段的契约中会降低给予研发方的分配比例。极端情况下，当 $\theta = 0$ 时，收益分配的最优比例为 $\beta_i^* = 0$，表明研发方所提供的零部件的环保性对消费者没有任何影响，因而在更新的契约中不会给予任何共享收益。然而，为了吸引研发方投入废弃回收处理，生产商还是会给予一定的里程支付 γ^*。

二　研发阶段的初始契约

从上节推论 5.1 的分析中可以看出低技术水平的研发方为了获得研发合同有伪装高技术水平的动机，因而回到研发的初始契约设计中，生产商会设计一个甄别契约菜单 (α_i, ω_i)，$i \in \{l, h\}$，供研发方选择自己适合的菜单，并且告知在研发结束的第二阶段还会提

供更新的契约。因此，生产商分别基于对两种低碳研发技术水平 g_l 和 g_h 可能性的预估概率 φ，设计使自己期望利润最大化并使研发方说实话的初始契约。

接下来，分析 i 类型研发方伪装成 j 类型的动机。

假设 i 类型的研发方选择了契约 (α_j, ω_j)，并且知道在研发结束后，生产商会将契约更新到 (β_j, γ_j)。然后，研发方会选择继续伪装接受新契约，还是拒绝更新这两种情景。因此，回到第一阶段分析在研发初始，研发方选择伪装成另一类时的期望利润：

（一）拒绝更新

如果 i 研发方伪装成 j 类型，并且拒绝接受更新契约，则仍然保留 (α_j, ω_j)，研发方的期望利润为：

$$\pi_{Ri}(r|i,j) = \alpha_j(e_1 + \theta e_2 + \lambda e_m) - c_{r1}(e_1) - $$
$$c_{r2}(e_2) + \omega_j \qquad (5-9)$$

由于没有后续更新，其会决策自己两阶段的最优努力：

$$e_1^*(r) = \alpha_j g_i$$
$$e_2^*(r) = \alpha_j \theta g_i$$

生产商的期望利润为：

$$\pi_M(r) = (1 - \alpha_j)(e_1 + \theta e_2 + \lambda e_m) - $$
$$c_m(e_m) - \omega_j + t_c \qquad (5-10)$$

这时，生产商将更新对研发方类型的信念，当然这不会影响其在市场阶段的最优努力：

$$e_m^*(r) = (1 - \alpha_j)\lambda + pv$$

（二）接受更新

如果 i 研发方伪装成 j 类型，并且在第二阶段开始时接受对 j 类型的契约更新 (β_j, γ_j)，则研发方在合作初始的期望利润为：

$$\pi_{Ri}(a\,|\,j) = \beta_j^*(e_1 + \theta e_2^* + \lambda e_m^*) - c_{r1}(e_1) - c_{r2}(e_2^*) + \gamma_j^* + \omega_j$$

$$(5-11)$$

将第二阶段的最优努力 $e_2^*(a) = \beta_j^* \theta g_i$，$e_m^*(a) = (1 - \beta_j^*)\lambda +$ pv，及命题 5.1 中的结果代入式（5-11），可以求得研发方在第一阶段的最优努力决策：

$$e_1^*(a) = \alpha_j g_i$$

可以发现 $e_1^*(r) = e_1^*(a)$，说明更新契约对研发方在低碳设计研究阶段的努力没有影响，其努力取决于最初的契约条款。但是是否接受契约更新，对双方在市场和回收阶段的努力决策都会发生作用。

第三节　不对称信息下的甄别契约

通常来说，研发方可以在一系列契约菜单中进行任意选择。然而，显示原理的定理表明：任何贝叶斯博弈的纳什均衡，都可以表示为一个激励相容的直接机制。1982 年，迈尔森将显示原理扩展到包含不完全信息的贝叶斯纳什均衡，包括虚报信息的情况；1988 年，又将其扩展到多阶段博弈，将显示原理推广到一般情形。本章要求通过最优契约菜单设计直接机制，诱使研发方透露其真实的低碳研发技术能力，并且在多阶段中加入谈判过程来更新契约。在第二节生产商更新契约的最优目标规划问题中，约束条件（5-6）保证了研发方一旦显示自己的真实信息，则在第二阶段选择更新契约对自己是有利的，所以在第二阶段拒绝更新契约可以被看作虚报私有信息。

一　激励机制模型

当 i 类型研发方选择说实话，并在第二阶段选择更新契约时，生产商的期望利润为：

$$\pi_M(a|i,i) = (1-\beta_i^*)(e_1^* + \theta e_2^* + \lambda e_m^*) -$$

$$\frac{e_m^*}{2} - r_i^* - \omega_i + p(e_1^* + \sigma e_2^* + \nu e_m^*) \qquad (5-12)$$

在低碳研发能力信息不对称的情况下，为诱使研发方说真话并得到最大利润，生产商的最优激励机制可以写成：

$$\text{P}(0) \max_{\alpha_i,\omega_i,\alpha_h,\omega_h} \varphi\pi_M(a|l,l) + (1-\varphi)\pi_M(a|h,h) \qquad (5-13)$$

$$\text{s.t.} \quad \pi_{Rl}(a|l) \geq \pi_{Rl}(a|h) \qquad (5-14)$$

$$\pi_{Rl}(a|l) \geq \pi_{Rl}(r|h) \qquad (5-15)$$

$$\pi_{Rh}(a|h) \geq \pi_{Rh}(a|l) \qquad (5-16)$$

$$\pi_{Rh}(a|h) \geq \pi_{Rh}(r|l) \qquad (5-17)$$

$$\pi_{Rh}(a|h) \geq 0 \qquad (5-18)$$

$$\pi_{Rl}(a|l) \geq 0 \qquad (5-19)$$

目标函数式（5-13）考虑了两类研发方可能的概率，使生产商的总期望利润最大化。在第二阶段目标规划的约束式（5-6）中，帕累托最优改进已经保证讲实话的研发方必然会选择更新契约。因此，在初始规划模型中，只需要考虑如何使研发方在第一轮讲实话。不同于传统的逆向选择问题（见本书第三章），对于每种类型的研发方只有一个激励相容约束条件（Incentive Compatibility Constraint，IC），在本模型中针对每种类型的研发方有两个激励相容约束条件。约束式（5-14）、式（5-15）都是针对低水平研发方设计的激励相容约束条件，其中，约束式（5 – 14）保证低水平研发方说实话并接受更新的利润永远不小于其伪装成高水平之后选择接受更新契约时得到的利润，约束式（5 – 15）保证低水平研发方说实话并接受更新的利润永远不小于其伪装成高水平之后拒绝更新时得到的利润。同样，约束式（5 – 16）和式（5 – 17）是为保证高水平研发方选择说实话且获得更多利润的激励相容约束。在这样的机制下，研发方唯一能选择的行动是说实话并做出最优的努力决策 e_i^*。约束式（5 – 18）和式（5 – 19）是个体理性约束，保证无论研发方是哪种类型都能获得保留利润。与以往研究相似，为了使结果更具直观性，可以假设两种类型研发方的保留利润都为零。

二　更新契约模型的求解

这是一个具有六个约束条件的双层规划问题，首先根据模型的特征将问题进行分解。

推论 5.2　甄别模型可以保证：（1）如果双方都选择说实话，低碳研发能力较高的研发方的期望利润一定不少于较低研发能力者；（2）低碳研发能力较差的研发方只能得到保留利润。

证明：（1）从研发成本函数 $c_{1i} = e_{1i}^2/2g_i$ 可以看出，高水平研发方努力的边际成本较低，因为它们拥有更为有效的研发技术和生产线。因此，若 h 类型的研发方伪装成 l 类型，并接受更新，则在相同的契约条款（α_i，ω_i）下，能获得更多利润，即 $\pi_{Rh}(a|l) \geqslant \pi_{Rl}(a|l)$。结合约束条件式（5 – 16）：$\pi_{Rh}(a|h) \geqslant \pi_{Rh}(a|l)$，可以推出 $\pi_{Rh}(a|h) \geqslant \pi_{Rl}(a|l)$。

（2）这样，个体理性约束式（5-18）可以忽略，只要保证低水平研发方的保留利润约束式（5-19）成立即可。然而，作为理性的契约设计者，生产商一定会在保证研发方保留利润的同时，为自身攫取最大利润。

接下来分析 ω_l 和 ω_h。针对高水平类型的研发方，生产商仍然会利用契约机制获得最大利润，因而激励相容约束式（5-16）和式（5-17）必有其一为紧约束，达到帕累托最优效果。可以得到如下命题。

命题 5.2 在给定第二阶段的更新契约 (β_i^*, γ_i^*) 的最优解的情况下，生产商在初始契约中的预先支付最优解 ω_i^* 为：

（1）若 $\alpha_l \geqslant \beta_l^*$，伪装的高水平研发方更愿意选择拒绝更新契约，$\pi_{Rh}(a|h) = \pi_{Rh}(r|l)$ 为紧约束，则两种类型研发方的预先支付为：

$$\omega_l^* = -\alpha_l \left[\frac{\alpha_l g_l}{2} + \frac{\theta^2 \alpha_l g_l}{2} + \lambda^2(1-\alpha_l) + p\nu\lambda \right]$$

$$\omega_h^* = -\alpha_h \left[\frac{\alpha_h g_h}{2} + \frac{\theta^2 \alpha_h g_h}{2} + \lambda^2(1-\alpha_h) + p\nu\lambda \right] +$$

$$\frac{1}{2}\alpha_l(g_h - g_l)(1 + \theta^2)$$

（2）若 $\alpha_l \leqslant \beta_l^*$，伪装的高技术水平研发方更愿意选择接受更新契约，$\pi_{Rh}(a|h) = \pi_{Rh}(a|l)$ 为紧约束，则两种类型研发方的预先支付为：

$$\omega_l^* = -\alpha_l \left[\frac{\alpha_l g_l}{2} + \frac{\theta^2 \alpha_l g_l}{2} + \lambda^2(1-\alpha_l) + p\nu\lambda \right]$$

$$\omega_h^* = -\alpha_h \left[\frac{\alpha_h g_h}{2} + \frac{\theta^2 \alpha_h g_h}{2} + \lambda^2(1-\alpha_h) + p\nu\lambda \right] +$$

$$\frac{1}{2}(g_h - g_l)(\alpha_l^2 + \beta_l^{*2}\theta^2)$$

证明：根据推论 5.2 中约束式（5 – 19）必取紧约束 $\pi_{Rl}(a\mid l) = 0$，从等式中可以推出给予低水平研发方的预先支付为：

$$\omega_l^* = -\alpha_l\Big[\frac{\alpha_l g_l}{2} + \frac{\theta^2 \alpha_l g_l}{2} + \lambda^2(1 - \alpha_l) + p\nu\lambda\Big]$$

接下来判断哪一约束取紧约束。根据式（5 – 11），有研发方在初始合作时对项目的期望利润：

$$\pi_{Rh}(a\mid l) = \alpha_l\Big[\frac{\alpha_l g_h}{2} + \frac{\theta^2 \alpha_l g_l}{2} + \lambda^2(1 - \alpha_l) + p\nu\lambda\Big] +$$

$$\frac{\beta_l^2 \theta^2(g_h - g_l)}{2} + \omega_l$$

$$\pi_{Rh}(r\mid l) = \alpha_l\Big[\frac{\alpha_l g_h}{2} + \frac{\theta^2 \alpha_l g_h}{2} + \lambda^2(1 - \alpha_l) + p\nu\lambda\Big] + \omega_l$$

对两种情况下的利润进行比较，可得：

$$\pi_{Rh}(a\mid l) - \pi_{Rh}(r\mid l) = \frac{\theta^2(g_h - g_l)(\beta_l^2 - \alpha_l^2)}{2}$$

第一种情况：当 $\alpha_l \geqslant \beta_l^*$ 时，有 $\pi_{Rh}(a\mid l) \leqslant \pi_{Rh}(r\mid l)$，高水平的研发方伪装成低水平后，会选择拒绝更新契约，这时生产商不会给其高于 $\pi_{Rh}(r\mid l)$ 的利润。激励约束相容式（5 – 17）应是紧约束，而约束式（5 – 16）一定成立，因而是冗余的。此时，令 $\pi_{Rh}(a\mid h) = \pi_{Rh}(r\mid l)$，可得 ω_h^* 的表达式：

$$\omega_h^* = -\alpha_h\Big[\frac{\alpha_h g_h}{2} + \frac{\theta^2 \alpha_h g_h}{2} + \lambda^2(1 - \alpha_h) + p\nu\lambda\Big] +$$

$$\alpha_l\Big[\frac{\alpha_l g_h}{2} + \frac{\theta^2 \alpha_l g_h}{2} + \lambda^2(1 - \alpha_l) + p\nu\lambda\Big] + \omega_l^*$$

将已经求解的 ω_l^*、ω_h^*、β_i^* 代入目标方程，可以得到面对不同类型研发方时生产商的期望利润：

$$\pi_M(a\mid l, l) = \alpha_l g_l(1 + p) + p\nu\lambda + \frac{1}{2}p^2\nu^2 -$$

$$\frac{\alpha_l^2 g_l}{2} + \frac{\lambda^2}{2} + \frac{(\sigma p\theta g_l + \theta^2 g_l)^2}{2(\lambda^2 + \theta^2 g_l)} \qquad (5-20)$$

$$\pi_M(a|h,h) = \alpha_h g_h(1+p) + pv\lambda + \frac{1}{2}p^2 v^2 - \frac{\alpha_h^2 g_h}{2} +$$

$$\frac{\lambda^2}{2} - \frac{\alpha_l^2}{2}(g_h - g_l)(1 + \theta^2) + \frac{(\sigma p\theta g_h + \theta^2 g_h)^2}{2(\lambda^2 + \theta^2 g_h)} \qquad (5-21)$$

第二种情况：当 $\alpha_l \leqslant \beta_l^*$ 时，有 $\pi_{Rh}(a|l) \geqslant \pi_{Rh}(r|l)$，即低碳研发技术水平高的研发方伪装成低水平时，其在第二阶段接受更新 (β_l^*, γ_l^*) 能获得更多利润。也就是说，假如契约条款能够保证研发方说实话并接受契约更新，则理性的生产商给予研发方的利润不会高于 $\pi_{Rh}(a|l)$。这时，激励约束相容式（5-16）应是紧约束，而约束式（5-17）一定成立，因而是冗余的。令 $\pi_{Rh}(a|h) = \pi_{Rh}(a|l)$，同理可得 ω_h^* 的表达式如下。

$$\omega_h^* = -\alpha_h\left[\frac{\alpha_h g_h}{2} + \frac{\theta^2 \alpha_h g_h}{2} + \lambda^2(1-\alpha_h) + pv\lambda\right] +$$

$$\frac{(\alpha_l^2 + \beta_l^{*2}\theta^2)(g_h - g_l)}{2}$$

面对不同类型研发方时，生产商的期望利润为：

$$\pi_M(a|l,l) = \alpha_l g_l(1+p) + pv\lambda + \frac{1}{2}p^2 v^2 - \frac{\alpha_l^2 g_l}{2} + \frac{\lambda^2}{2} +$$

$$\frac{(\sigma p\theta g_l + \theta^2 g_l)^2}{2(\lambda^2 + \theta^2 g_l)} \qquad (5-22)$$

$$\pi_M(a|h,h) = \alpha_h g_h(1+p) + pv\lambda + \frac{1}{2}p^2 v^2 - \frac{\alpha_h^2 g_h}{2} + \frac{\lambda^2}{2} -$$

$$\frac{\alpha_l^2}{2}(g_h - g_l)(1 + \theta^2) + \frac{(\sigma p\theta g_h + \theta^2 g_h)^2}{2(\lambda^2 + \theta^2 g_h)} \qquad (5-23)$$

命题 5.2 证毕。

在得到 ω_l^* 和 ω_h^* 之后，接下来要继续求解 α_l^* 和 α_h^*。再次回到原问题 P（0）中，我们发现一个不同以往类似问题的求解过程：在以前的研究中，对于低水平类型的激励约束条件通常被证明为冗余条件，只要保证高水平供应商的利润即可，但在本问题的研究中，对低水平类型研发方的激励约束也出现了紧约束。因为本章增加了第二阶段的契约更新问题，因此生产商还要考虑低水平研发方会伪装成高水平并且在第二阶段进行讨价还价。所以，接下来利用在 P（0）中的式（5-14）至式（5-17）四个激励相容约束来求解 α_l^* 和 α_h^*。

根据命题 5.2 中的两种情况和推论 5.2（2）的结论，可以将原问题 P（0）的求解问题分为两个子问题：

P（1） $\max\limits_{\alpha_l,\alpha_h} \pi_{M1} = \varphi\pi_M(a\,|\,l,\,l) + (1-\varphi)\pi_M(a\,|\,h,\,h)$

　　s. t. $\alpha_l \geq \beta_l^*$

　　　　$\pi_{Rl}(a\,|\,l) \geq \pi_{Rl}(a\,|\,h)$

　　　　$\pi_{Rl}(a\,|\,l) \geq \pi_{Rl}(r\,|\,h)$

　　　　$\pi_{Rl}(a\,|\,l) = 0$

P（2） $\max\limits_{\alpha_l,\alpha_h} \pi_{M2} = \varphi\pi_M(a\,|\,l,\,l) + (1-\varphi)\pi_M(a\,|\,h,\,h)$

　　s. t. $\alpha_l \leq \beta_l^*$

　　　　$\pi_{Rl}(a\,|\,l) \geq \pi_{Rl}(a\,|\,h)$

　　　　$\pi_{Rl}(a\,|\,l) \geq \pi_{Rl}(r\,|\,h)$

　　　　$\pi_{Rl}(a\,|\,l) = 0$

将研发方在不同决策情景下的利润代入以上约束条件，可以进一步得到关于契约决策参数 α_l 和 α_h 的约束式：

P（1） $\max\limits_{\alpha_l,\alpha_h} \pi_{M1} = \varphi\pi_M(a\,|\,l,\,l) + (1-\varphi)\pi_M(a\,|\,h,\,h)$

　　s. t. $\alpha_l \geq \beta_l^*$

$$\alpha_h^2 + \beta_h^{*2}\theta^2 \geq \alpha_l^2(1+\theta^2) \qquad (5-24)$$

$$\alpha_h \geq \alpha_l \qquad (5-25)$$

P（2） $\max\limits_{\alpha_l,\alpha_h} \pi_{M2} = \varphi\pi_M(a|l,l) + (1-\varphi)\pi_M(a|h,h)$

s. t. $\alpha_l \leq \beta_l^*$

$$\alpha_h^2 + \beta_h^{*2}\theta^2 \geq \alpha_l^2 + \beta_l^{*2}\theta^2 \qquad (5-26)$$

$$\alpha_h^2 + \alpha_h\theta^2 \geq \alpha_l^2 + \beta_l^{*2}\theta^2 \qquad (5-27)$$

推论 5.3 （1）在研发阶段的初始契约中，相对于低水平研发方，低碳研发技术水平高的研发方总能获得更高的收益共享比例，即 $\alpha_h^* > \alpha_l^*$，无论其在第二阶段是否选择更新契约。（2）收益共享比例 α_l^*、α_h^* 的值与低碳回收的政策相关，随低碳回收补贴系数 p 的增加而增大。

证明：在 P（1）中，令 $\dfrac{\partial\pi_M}{\partial\alpha_h}=0$，$\dfrac{\partial\pi_M}{\partial\alpha_l}=0$，可以得到：$\alpha_h'=1+p$，

$\alpha_l' = \dfrac{g_l(1+p)}{(g_h-g_l)(1+\theta^2)(1-\varphi)/\varphi + g_l}$，可以直观看出 $\alpha_h' > \alpha_l'$。

在 P（2）中，令 $\dfrac{\partial\pi_M}{\partial\alpha_h}=0$，$\dfrac{\partial\pi_M}{\partial\alpha_l}=0$，可得：$\alpha_h'=1+p$，$\alpha_l''=$

$\dfrac{g_l(1+p)}{(g_h-g_l)(1-\varphi)/\varphi + g_l}$，同样可直观看出 $\alpha_h' > \alpha_l''$。

所以，存在三个最优解之间的大小关系：$\alpha_h' > \alpha_l'' > \alpha_l'$。因此，高水平研发方总能得到更高的收益分配比例，且收益共享的比例与低碳回收的补贴系数呈正向关系。高水平类型的研发方不仅能得到全部销售收入，还能从 EPR 中获得其对低碳回收所做的贡献奖励。

在命题 5.2 中已经得到初始契约中预先支付的取值，命题 5.3 给出了面对两种类型研发方的最优收益分配比例的最优解。

命题 5.3　根据目标规划问题 P（0），分区间讨论研发阶段的初始契约中最优收益分配比例的取值 α_i^*，$i \in \{l, h\}$：

I1：当 $\beta_h^{*2} < u_1$ 时，应求解子问题 P（1），最优解的取值范围为 $\alpha_l^* < \alpha_l'$，$\alpha_h^* > \alpha_h'$。约束条件 $\pi_{Rl}(a \mid l) \geqslant \pi_{Rl}(a \mid h)$ 应是紧约束。

I2：当 $\beta_h^{*2} \geqslant u_1$ 且 $\beta_l^* \leqslant \alpha_l'$ 时，应求解子问题 P（1），最优解为 $\alpha_l^* = \alpha_l'$，$\alpha_h^* = \alpha_h'$。对低水平研发方的激励相容约束都是非紧约束。

I3：当 $\alpha_l' < \beta_l^* \leqslant \alpha_l''$ 时，P（1）和 P（2）的最优目标相等，最优解为 $\alpha_l^* = \beta_l^*$，$\alpha_h^* = \alpha_h'$。

I4：当 $\alpha_l'' < \beta_l^* \leqslant u_2$ 时，应求解子问题 P（2），最优解为 $\alpha_l^* = \alpha_l''$，$\alpha_h^* = \alpha_h'$。

I5：当 $\beta_l^* > \mu_2$ 时，应求解子问题 P（2），最优解的取值范围为 $\alpha_h^* > \alpha_h'$，$\alpha_l^* < \alpha_l''$。约束条件 $\pi_{Rl}(a \mid l) \geqslant \pi_{Rl}(r \mid h)$ 应是紧约束。

其中，$u_1 = \dfrac{\alpha_l'^2(1+\theta^2) - \alpha_h'^2}{\theta^2}$，$u_2 = \sqrt{\dfrac{\alpha_h'^2(1+\theta^2) - \alpha_h''^2}{\theta^2}}$。

证明：生产商会比较在问题 P（1）和 P（2）中使其期望利润最大的情况，即比较 π_{M1} 和 π_{M2} 的大小。

（1）若 $\pi_{M1} > \pi_{M2}$，应求解子问题 P（1），即表明高水平研发方伪装成低水平，且拒绝在第二阶段更新，也就是说约束条件式（5-17）是紧约束。我们需要分析低水平研发方的反应策略，根据推论 5.3，可以得到使目标函数 π_{M1} 最大化的两类收益分配比例：

$\alpha_h' = 1 + p$，$\alpha_l' = \dfrac{g_l(1+p)}{(g_h - g_l)(1+\theta^2)(1-\varphi)/\varphi + g_l}$，且总有 $\alpha_h \geqslant \alpha_l$。下面来看何时能取到最优解。

I1：若 $\beta_h^* < \sqrt{\dfrac{\alpha_l'^2(1+\theta^2)-\alpha_h'}{\theta^2}} = u_1$，为保证约束条件式（5－24）

$\alpha_h^2 + \beta_h^{*2}\theta^2 \geqslant \alpha_l^2(1+\theta^2)$ 成立，最优解 α_l^* 的取值要小于 α_l'，或者 α_h^* 的取值要大于 α_h'。

I2：若 $\beta_h^* \geqslant u_1$ 且 $\beta_l^* \leqslant \alpha_l'$，P（1）中的所有约束条件都满足，因此可以取得一阶最优解 $\alpha_l^* = \alpha_l'$，$\alpha_h^* = \alpha_h'$。

（2）若 $\pi_{M2} > \pi_{M1}$，应求解子问题 P（2），即表明高水平研发方伪装成低水平，且在第二阶段接受更新，约束条件式（5－16）是紧约束。最大化生产商的目标函数 π_{M2}，可求得两类最优分配比例的取值：$\alpha_h' = 1+p$，$\alpha_l'' = \dfrac{g_l(1+p)}{(g_h-g_l)(1-\varphi)/\varphi + g_l}$。P（2）中的两个约束条件式（5－26）、式（5－27）可以写成：

$$\begin{cases} \beta_l^* \leqslant \sqrt{\beta_h^2 + \dfrac{\alpha_h^2-\alpha_l^2}{\theta^2}} \\[3mm] \beta_l^* \leqslant \sqrt{\alpha_h^2 + \dfrac{\alpha_h^2-\alpha_l^2}{\theta^2}} \end{cases}$$

根据推论 5.1 中结论，β_i^* 与 g_i 呈正相关关系，因此有 $\beta_h^* \geqslant \beta_l^*$。所以式（5－26）总是成立的，即生产商的最优契约能保证 $\pi_{Rl}(a|l) \geqslant \pi_{Rl}(a|h)$ 总是存在，这表示低技术水平的研发方如果选择伪装并且接受更新契约，其获得利润总是少于其说实话的利润。所以，低碳研发能力水平低的研发方不选择伪装并接受更新。在这一区域最优解的区间为：

I4：如果 $\alpha_l^* < \beta_l^* \leqslant \sqrt{\alpha_h'^2 + \dfrac{\alpha_h'^2-\alpha_l''^2}{\theta^2}} = u_2$ 成立，模型的最优解是使生产商利润最大化的一阶最优解 $\alpha_l^* = \alpha_l'$，$\alpha_h^* = \alpha_h'$，P（2）中的

约束条件都满足。

I5：如果 $\beta_l^* > \sqrt{\alpha_h'^2 + \dfrac{\alpha_h'^2 - \alpha_l''^2}{\theta^2}} = u_2$ 成立，为了满足约束式

（5-27）中 $\pi_{Rl}(a\,|\,l) \geqslant \pi_{Rl}(r\,|\,h)$，原一阶条件下的解需要发生移动，因此最优解为：$\alpha_l^* < \alpha_l''$，$\alpha_h^* > \alpha_h'$。

（3）当 $\pi_{M1} = \pi_{M2}$ 时，生产商在 P（1）和 P（2）两个子问题中的期望利润相等，可以从这两个问题中求解。对高水平研发方，约束条件式（5-16）、式（5-17）同为紧约束，有 $\pi(h,\,h) = \pi_a(h,\,l) = \pi_r(h,\,l)$，因而：

I3：当 $\alpha_l' < \beta_l^* \leqslant \alpha_l''$ 成立时，同时满足 $\pi(h,\,h) = \pi_a(h,\,l) = \pi_r(h,\,l)$，可以解得低水平研发方的低碳研发收益共享比例在更新前后没有发生变化：$\alpha_l^* = \beta_l^*$。分别求解 P（1）和 P（2），目标函数的可行解 α_h' 即为高水平研发方的收益共享最优解 $\alpha_h^* = \alpha_h'$。

命题 5.3 证毕。

第四节　管理借鉴与数值分析

一　两类研发方的战略选择

本节研究的问题既存在不对称信息又同时要做契约的更新，因而想要知道在面对不同类型的研发方时，双方在讨价还价的谈判中应该如何调整战略决策，是否能够通过契约更新来判断研发方的真实低碳研发水平。下面对五种情况下的研发方的行动选择进行分析。

（1）当 $\beta_h^* < u_1$ 时，由 P（1）中的第三个约束条件推出 $u_1 =$

$[\alpha_l'^2(1+\theta^2)-\alpha_h'^2]/\theta^2$。当 $\beta_h^{*2}<u_1$ 时，为了满足上述等式，无法取得一阶最优解，只能得到次优解：$\alpha_l^*<\alpha_l'$，$\alpha_h^*>\alpha_h'$。在这种情境下，研发方所获得的更新后的收益共享比例变得非常低，$\beta_l^*<\beta_h^*<\sqrt{u_1}$。因此，研发方在第二阶段开始的选择策略为：高技术水平研发方在开始就伪装成低水平，选择契约 (α_l^*,ω_l^*)，在第二阶段其会拒绝更新；然而，低水平的研发方会谎报为高水平，且会选择接受更新。这个发现与以往的研究结果不同，在前几章的甄别契约中，针对低水平类型的激励相容约束没有取紧约束。α_h^* 会逐渐减小直到逼近 α_h'，而 α_l^* 会逐渐增加逼近 α_l'。为了诱使高水平者说实话，两类契约的初始分配比例之间差距较大。

（2）在这一区间，β_l^* 逐渐增加，但仍然小于 α_l'。高水平的研发方若在研发阶段伪装，其在第二阶段仍然会拒绝更新契约。但是，对于低水平的研发方约束都是非紧的，因而其占优战略是在开始就选择说实话。

（3）P（0）中对于高水平研发方的激励约束式（5-16）和式（5-17）都是紧约束，其说实话和伪装（包括伪装后拒绝和接受更新契约）的期望收益没有区别，难以判断其战略。但是，理性的高水平研发方会选择说实话，显示低碳研发的较强实力，以争取到研发合作机会。对于低水平的研发方，激励约束条件都为非紧约束，其没有动机伪装成高水平。

（4）当 $\alpha_l^*<\beta_l^*\leqslant u_2$ 时，P（2）中目标函数的最优解使针对低水平研发方的两个激励相容约束都成立，因此，低水平研发方会选择在开始就说实话。根据命题5.2，伪装的高水平研发方更愿意选择接受更新契约，$\pi_{Rh}(a|h)=\pi_{Rh}(r|l)$ 是紧约束。从生产

商的角度看，若未知类型的合作研发方初始选择低水平类型，而后在第二阶段接受更新，生产商难以甄别出研发方的真实类型。

（5）当 $\beta_l^* > \mu_2$ 时，有 $\pi_{Rl}(a|l) < \pi_{Rl}(r|h)$，因此为了满足约束条件 $\pi_{Rl}(a|l) \geq \pi_{Rl}(r|h)$，只能得到次优解，$\alpha_h^*$ 要大于一阶最优解 α_h'，或者 α_l^* 小于 α_l''。这时，低水平研发方在第二阶段必须要向生产商上缴低碳回收的保证金，因而其会拒绝更新，暴露自己的真实水平。随着 β_l^* 继续增加，高水平研发方若伪装成低水平，其在第二阶段会选择接受更新契约。为了诱使高水平研发方在最初能说实话，收益分配比例 α_h^* 会逐渐增加。这与以往研究不同，在不更新的甄别契约中对于高水平研发方的收益分配比例不发生变化（见第三章）。

根据前面的证明，若研发方选择说实话，其一定会选择帕累托最优改进的更新契约。结合定理的结论，可以判断研发方在合作之初选择甄别契约时的行动策略，见表5-1。

表5-1　　　　　　　研发方在合作最初的战略选择

	I1	I2	I3	I4	I5
g_l	可伪装→混同	讲实话	讲实话	讲实话	若伪装→暴露
g_h	若伪装→暴露	若伪装→暴露	讲实话	可伪装→混同	可伪装→混同

二　生产商的决策

根据命题5.3，可以绘出两类契约在更新前后收益分配比例的最优解情况（见图5-2），并结合图形对模型参数进行分析。

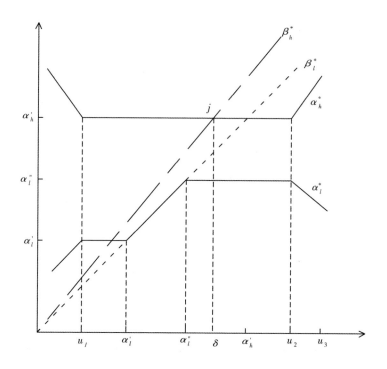

图 5 - 2　契约更新前后收益分配比例的最优解

推论 5.4　在不对称信息下，当 $g_h > \dfrac{(1+p)\lambda^2}{(\sigma-\theta)\theta p}$ 且 $\sigma > \theta$ 时，生产

商将在更新的契约中增加对高水平研发方的收益共享分配比例 β_h^*，

否则会减小分配比例；当 $g_l < \dfrac{(\sigma p\theta + \theta^2)(1/\varphi - 1)g_h - \lambda^2(1+p)}{(\sigma p\theta + \theta^2)(1/\varphi - 1) + \theta^2 p - \sigma p\theta}$ 且

$\varphi < \dfrac{\sigma\theta p + \theta^2}{2\sigma\theta p + \theta^2(1-p)}$ 时，生产商将在更新的契约中向上调整收益分

配比例 β_l^*；当 $g_l > \dfrac{(\sigma p\theta + \theta^2)(1+\theta^2)(1/\varphi - 1)g_h - \lambda^2(1+p)}{(\sigma p\theta + \theta^2)(1+\theta^2)(1/\varphi - 1) + \theta^2 p - \sigma p\theta}$ 且

$\varphi < \dfrac{(\sigma\theta p + \theta^2)(1+\theta^2)}{2\sigma\theta p + \theta^2(1-p) + \sigma p\theta^3 + \theta^4}$ 时，生产商将在更新的契约中降低

对低水平研发方的收益分配比例 β_l^*。

证明：从图 5 - 2 中可以看出，随着 β_l^* 和 β_h^* 逐渐增加，β_l^* 在 α_l' 点开始与 α_l^* 相等，在 α_l'' 点超过 α_l^*；β_h^* 在 α_h' 点超过 α_h^*。令 $\beta_h^* > \alpha_h'$，即 $\dfrac{\sigma p\theta + \theta^2 g_h}{\lambda^2 + \theta^2 g_h} > 1 + p$，可求得当 $\sigma > \theta$ 时，有 $\sigma\theta p - p\theta^2 > 0$，因而推出 $g_h > \dfrac{(1+p)\lambda^2}{(\sigma - \theta)\theta p}$ 时，对高水平的研发方收益分配比例在更新后会高于初始契约。

同理，令 $\beta_l^* > \alpha_l''$，即 $\dfrac{(\sigma p\theta + \theta^2) g_l}{\lambda^2 + \theta^2 g_l} > \dfrac{g_l(1+p)}{(1/\varphi - 1)(g_h - g_l) + g_l}$，化简后可得：

$$\left[(\sigma\theta p + \theta^2)(1/\varphi - 1) + \theta^2 p - \sigma\theta p\right] g_l < (\sigma\theta p + \theta^2)(1/\varphi - 1) g_h - \lambda^2(1+p)$$

当满足 $\varphi > \dfrac{\sigma\theta p + \theta^2}{2\sigma\theta p + \theta^2(1-p)}$ 时，g_l 系数为正，可以推出：

$$g_l > \dfrac{\lambda^2(1+p) - (\sigma p\theta + \theta^2)(1/\varphi - 1) g_h}{(\sigma p\theta + \theta^2)(2 - 1/\varphi) - \theta^2(1+p)}$$

当更新后参数变小时，令 $\beta_l^* < \alpha_l'$，即：

$$\dfrac{(\sigma p\theta + \theta^2) g_l}{\lambda^2 + \theta^2 g_l} < \dfrac{g_l(1+p)}{(1/\varphi - 1)(g_h - g_l)(1 + \theta^2) + g_l}$$

化简后可得：

$$\left[(\sigma\theta p + \theta^2)(1 + \theta^2)(1/\varphi - 1) + \theta^2 p - \sigma\theta p\right] g_l > (\sigma\theta p + \theta^2)(1 + \theta^2)(1/\varphi - 1) g_h - \lambda^2(1+p)$$

当满足 $\varphi < \dfrac{(\sigma\theta p + \theta^2)(1 + \theta^2)}{2\sigma\theta p + \theta^2(1-p) + \sigma p\theta^3 + \theta^4}$ 时，g_l 系数为正，可以推出 $g_l > \dfrac{(\sigma p\theta + \theta^2)(1 + \theta^2)(1/\varphi - 1) g_h - \lambda^2(1+p)}{(\sigma p\theta + \theta^2)(1 + \theta^2)(1/\varphi - 1) + \theta^2 p - \sigma p\theta}$。

从命题 5.1 可知，面对高水平研发方，生产商只要依据研发方的低碳研发技术水平 g_h 来调整更新的契约参数；但是对于低水平研发方，不仅关注技术水平 g_l，还要关注其可能出现的概率 φ 和两者的低碳研发技术差距。

推论 5.5 对低水平研发方的更新契约特点：若 $\lambda > k_1$ 或 $\sigma < s_1$，则有 $\beta_l^* < \alpha_l^*$；若 $k_1 \leqslant \lambda \leqslant k_2$ 或 $s_1 \leqslant \sigma \leqslant s_2$，则有 $\beta_l^* = \alpha_l^*$；若 $\lambda < k_2$ 或 $\sigma > s_2$，则有 $\beta_l^* > \alpha_l^*$。

证明：从命题 5.3 – I2 中可知，在 $\beta_l^* \leqslant \alpha_l^*$ 时，有 $\alpha_l^* = \alpha_l'$。令 $\beta_l^* < \alpha_l^*$，可得到：

$$\lambda > \sqrt{\frac{\theta(\theta + \sigma p)\left[(g_h - g_l)(1 + \theta^2)(1 - \varphi) + g_l\varphi\right]}{(1 + p)\varphi} - \theta^2 g_l} = k_1$$

或者写为：

$$\sigma < \frac{\varphi(1 + p)(\lambda^2 + \theta^2 g_l)}{p\theta\left[(g_h - g_l)(1 + \theta^2)(1 - \varphi) + g_l\varphi\right]} - \frac{\varphi}{p} = s_1$$

根据命题 5.3 – I4，有 $\alpha_l^* = \alpha_l'' < \beta_l^*$，可以推知：

$$\lambda < \sqrt{\frac{\theta(\theta + \sigma p)\left[(g_h - g_l)(1 - \varphi) + g_l\varphi\right]}{(1 + p)\varphi} - \theta^2 g_l} = k_2$$

或写成：

$$\sigma > \frac{\varphi(1 + p)(\lambda^2 + \theta^2 g_l)}{p\theta\left[(g_h - g_l)(1 - \varphi) + g_l\varphi\right]} - \frac{\varphi}{p} = s_2$$

同理，根据命题 5.3 – I3，当 $k_2 \leqslant \lambda \leqslant k_1$ 或 $s_1 \leqslant \theta \leqslant s_2$ 时，有 $\alpha_l^* = \beta_l^*$。证毕。

推论 5.6 对高水平类型的研发方的更新契约特点：若 $\sigma \leqslant s_3$，则有 $\beta_h^* < \alpha_h^*$；若 $\sigma > s_3$，则有 $\beta_h^* > \alpha_h^*$。

证明：首先根据前面定理的证明，可以得到如下特点。

（1） $\alpha_l'' = (1 + p)\dfrac{1}{(1 - \varphi)(g_h - g_l)/(\varphi g_l) + 1} < 1 + p =$

α'_h，因而可知 $\alpha''_l < \alpha'_h$ 一定成立。同时，因为 $\alpha'_l = (1 + p) \times$

$$\frac{1}{(1 - \varphi)(g_h - g_l)(1 + \theta^2)/(\varphi g_l) + 1} < \alpha''_l，所以 \alpha'_l < \alpha''_l < \alpha'_h 成立。$$

（2）$u_2 = \sqrt{\alpha'^2_h + \dfrac{\alpha'^2_h - \alpha''^2_l}{\theta^2}} > \alpha'_h，u_3 = \sqrt{\beta^{*2}_h + \dfrac{\alpha'^2_h - \alpha''^2_l}{\theta^2}} > \beta^*_h。$

从命题 5.3 可知 $u_2 < u_3$，在图 5 - 2 中 j 点为 $\beta^*_h = \alpha^*_h$ 时的交点，将此时契约中的最优解代入方程，可以求得 x 轴的坐标 $\delta = \dfrac{(1 + p)(\lambda^2/g_h + \theta)}{\lambda^2/g_l + \theta}$。若在 δ 点左侧，高水平研发方的更新契约中 $\beta^*_h < \alpha^*_h$；在 δ 点右侧，应提高比例。求解 $\delta < \beta^*_l$，可以得到 $\sigma > \dfrac{(1 + p)(\lambda^2 + \theta^2 g_l)(\lambda^2 + \theta g_h)}{p \theta g_h(\lambda^2 + \theta g_l)} - \dfrac{\theta}{p} = s_3$。

本章在一个闭环系统中考虑电子废弃产品的回收问题，需要生产商在零部件设计和回收两个环节激励研发方投入努力。当研发供应方的低碳能力水平对生产商是不对称信息时，使用更新的甄别契约可以更有效地激励研发方回收阶段的努力投入。当然，生产商有机会在研发结束后根据更新的信息对契约进行修订，双方重新谈判取决于：生产商在第二阶段的努力对销售收入的影响系数 λ，研发方在第二阶段的努力对降低碳排放的影响系数 σ 和对销售的影响系数 θ，低碳回收的补贴系数 p，以及双方的低碳研发水平 g_h 和 g_l。

在推论 5.5 中，$\sigma > s_2$ 表示在双方博弈谈判中，研发方在产品回收处理中的作用更大，因而生产商将会在后续增加其收益分配的比例；相反，$\sigma < s_1$ 表示生产商在回收渠道的投入和废旧产品回收策略在低碳回收过程中起到更多作用，其会降低给予研发方的收益比例。可以看出，研发方要更多注重在回收过程中的努力投

入和采用先进回收处理技术，努力构建更加环保和低碳的闭环回收体系。

第五节　数值分析

一　双方利润的影响

下面将采用数值分析考察研发双方的期望利润变化情况。在不对称信息情况下，品牌企业只能从市场中知道研发方的低碳研发能力较弱的概率为 φ，其变化从 0—1。满足假设条件的要求，这里取 $g_l = 0.6$，$g_h = 0.8$，$\lambda = 1$，$\sigma = 3$，$v = 1$，$p = 0.5$。根据推论 5.1 的结论，研发方在回收阶段努力系数 θ 的大小将会影响第二阶段的收益共享比例 β_l^*。经过多次数值测试，当 $\theta = 1.5$ 时，得到了生产商期望利润在 I2—I4 区间的最优解，如图 5-3 所示。

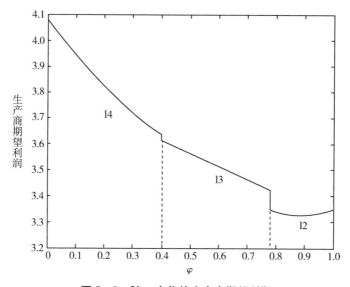

图 5-3　随 φ 变化的生产商期望利润

在图5-3中的I4、I3区域，生产商的期望利润随低水平研发方比例的增加而逐渐减少。但是，在I2区域中，生产商的期望利润先下降到最低点之后又出现增长趋势。这是因为随着研发方是低水平的可能性的增加，产品的低碳度降低，生产商有两部分的利益损失：一方面要承担产品低碳回收的责任，一方面是甄别研发方类型的信息租金。在I2区域，当研发方为低水平类型的可能极高时，生产商可以减少信息租金的支付，从而使其期望利润略有提升。

在推论5.2（2）的结论中，甄别契约中低碳研发能力差的研发方只能得到保留利润。为了更清晰地分析模型，我们假设保留利润为0。然而，拥有较高的低碳研发能力水平的研发方的期望利润将超过保留利润，如图5-4所示。值得注意的是在I3区域，比例系数φ的变化不会影响高水平研发方的期望利润，其利润是不变的。根据表5-1的分析，在I3区域，两种类型的研发方都会选择

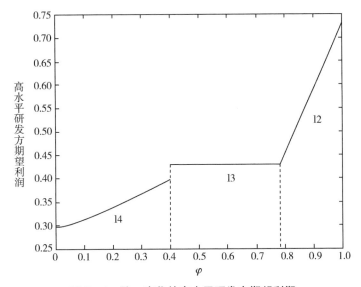

图5-4　随φ变化的高水平研发方期望利润

说实话，甄别契约充分发挥作用。在 I2 区域，高水平研发方的可能性较小，因而生产商要采用更多的激励使高水平研发方显露真实的研发成本信息，因而研发方的期望利润会大幅提升。

当然还要考虑的一个问题是研发方的低碳技术水平之间的差异性，从图 5–5 中可以看出随着差异越大，即 g_1/g_2 的值越小，生产商的期望利润会越低。这也说明在信息不对称情况下，低碳研发的能力水平差距越大，对品牌生产商而言，寻找研发合作伙伴的重要性越大。高水平研发方的可能性越小，差异性对利润的影响越大。

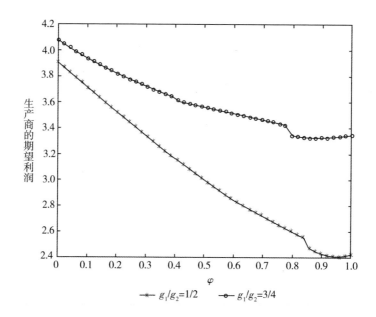

图 5–5　研发方技术水平差异 g_1/g_2 对生产商期望利润的影响

图 5–6 显示了研发供应方在废弃回收阶段的努力对收入的影响系数、低技术水平研发方的概率两者同时变化时，高水平的研发方的期望利润。研究发现：研发方在废弃回收阶段的努力对收入的

影响系数 θ，与研发方的期望利润并非完全正向关系。也就是说，尽管研发方的回收减排对吸引消费者并未起太多作用，但因为高水平研发方在市场中稀少，生产商仍会给出诱人的契约条款吸引其参与产品的回收减排工作，以此减少 EPR 引发的成本。故虽然研发方的低碳性市场影响力度较小，但仍会在一定区间获得上升的期望利润。

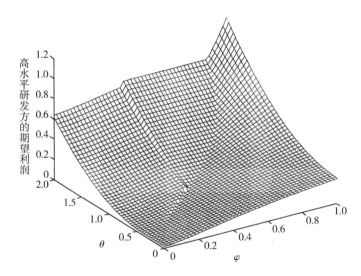

图 5 - 6　参数 θ 和 φ 同时变化对高水平研发方期望利润的影响

二　回收减排的影响

根据前文的假设，回收过程的减排量依赖于研发生产和回收过程两阶段的努力程度。用 V 表示由激励机制引发的碳排放减少量，可以写为 $V = e_1 + \sigma e_2 + v e_m$。当系数 φ 在 0—1 变化时，根据所给出的模型，在不同的研发技术水平下 $g_l = 0.6$，$g_h = 0.8$，研发方和生产商能确定各自最优的努力水平，见表 5 - 2。

表 5 - 2　　　　　　　　　φ 变化对双方两阶段努力的影响

低碳努力	$g_l = 0.6$，$g_h = 0.8$		$g_l = 0.3$，$g_h = 0.8$	
	R_l	R_h	R_l	R_h
e_1	[0, 0.900]	1.200	[0, 0.450]	1.200
e_2	0.689	1.029	0.242	1.029
e_m	0.351	0.214	0.694	0.214

注：R_l：低水平研发方；R_h：高水平研发方。

从表 5 - 2 中，可以发现：

（1）随着研发方是低技术水平的概率的不断增大，低水平研发在第一阶段的低碳努力也会相应提高。如表中所示，在 g 的两种取值下，低水平研发方的 e_1 从 0 增加到 0.9，或从 0 增加到 0.45。但是，不对称信息的变化对高水平研发方和生产商的努力没有影响。

（2）当研发方低碳研发技术差异较大时（即 $g_l = 0.3$，$g_h = 0.8$），低水平的研发方会降低两个阶段的低碳努力投入。但高水平研发方获得最大激励效果。

（3）生产商和研发方在第二阶段的努力投入有互补性。生产商在回收拆解中投入越少，研发方就要对零部件回收投入更多低碳努力。

如图 5 - 7 所示，V_l 和 V_h 分别代表与低水平和高水平研发方合作时总体碳排放量的变化。研究发现：（1）在两阶段的甄别契约更新中，生产商总是会对高水平研发方的低碳努力激励到最大程度，高水平研发方不会随其所占比例不同而有投机取巧的行为。（2）一个有趣的发现是，假设合作研发对象选择的是低水平的研发方时，总体的减排量随着低水平研发方市场上所占的比例增大而增大。这说明，低水平研发方并没有因为市场所占比例增大而有"搭便车"

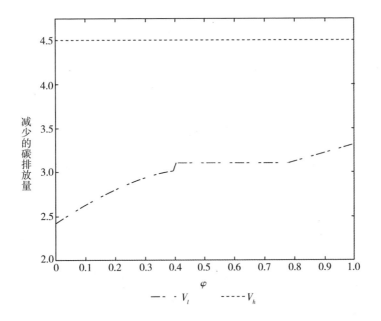

图 5－7　信息不对称对减排量的影响

的行为，这与经济学中的"柠檬市场"的效果相反。因为，低水平合作者若要参与闭环系统，就必须在研发阶段投入更多努力，否则第二阶段生产商将更新其契约条款。

第六节　本章小结

本章的贡献是激励创新研发合作方参与电子产品的废弃回收，经历产品从研发到回收处理的全过程。现有的闭环供应链多讨论生产商和零售商的回收渠道、回收策略等，本章在实践和理论研究的基础上，假设由生产商承担废弃产品回收的费用。这与我国正在试点实施的 EPR 制度的思想相符，但是实施 EPR 制度的根本目的是督促生产商从产品设计的源头进行低碳改进。因此，在进行创新研发合作时，生产商就要设计相应的激励机制，激发研发方在最初的零部件设计开发中就以低碳环保理念为基础，进行以低碳回收为目的的零部件开发设计和原材料选用。

同时，本章还考虑了研发方的真实低碳研发成本信息不确定的情况，电子产品生产商无法确定研发方的真实研发水平。为防止研发方谎报自己的真实水平，本书第三章已经设计了甄别契约，可以消除不对称信息引起的逆向选择问题，但考虑到创新研发的不确定性和道德风险问题，本章对原有的契约进行了两阶段更新。为达到此目的，生产商需要设计一个契约组合确保研发方在研发第一阶段就选择符合自己类型的契约，并且在第二阶段接受帕累托最优的更新契约。

总结本章的研究可以得到如下结论。

第一，对于高水平研发方，生产商只要关注研发方的低碳研发技术水平来调整更新的契约参数；但是对于低水平研发方，生产商不仅要关注其低碳技术水平，还要关注其可能出现的概率和研发技术的差距。

第二，在双方博弈谈判中，如果研发方在产品回收处理中的作用更大，生产商将会在后续增加研发方收益分配的比例；相反，若生产商的回收渠道投入和废旧产品回收策略在低碳回收过程中起到更多作用，其会降低给予研发方的收益比例。因此，可以看出研发方要更多关注在回收过程中的努力投入并采用先进回收处理技术，努力构建更加环保和低碳的闭环回收体系。

第三，不对称信息的存在削减了生产商的期望利润，因为其要支付额外的信息租金去激励研发方说实话。但是，当研发方是低水平的概率超过一定比值时，生产商不必用额外的奖励去激励其显示真实信息，而是让研发方在研发投入和回收投入中自我平衡。实际上，这时由于回收减排的奖励，生产商的边际利润是增加的。

第四，同时，研究结果给出了不同类型研发方在不同均衡路径下的最优决策。同以往研究过程不同的是，在本章设计的甄别更新激励机制下，对低水平研发方的激励约束同样起作用。研发阶段的努力投入会在其后的回收减排中体现出来，因此当研发方是低水平的概率较大时，其不会选择"浑水摸鱼""搭便车"的行为，避免了"柠檬市场"的现象。

第五，当消费者更关注废弃产品回收过程的环保减排时，在一定条件下，拥有高新低碳技术的研发方可以缴纳一定的保证金，然后承担产品开发风险并且获得最终的产品收益、低碳奖励。甄别更新契约虽然一定程度上损害了生产商的利润，但对创新产品的低碳研发和低碳回收有利。

第六章　不对称信息下供应商参与合作研发的融资契约设计

在企业的创新研发过程中，通常需要持续的、大量的研发资金投入，以保持研发过程的持续，因而许多中小型研发方需要通过融资来解决供应链资金问题。本章研究的背景是受到资金约束的生产商，在与其供应商进行关键部件研发合作的同时，通过商业信用向合作供应商进行融资，因而是一个运营管理与金融交叉的决策问题。

从生产商的角度分析，一方面，生产商在运营中受到资金约束的压力，可能无法达到最优订货量；另一方面，金融机构或外部资本对创新项目本身并不了解，很难获得外部借贷。因此，采用供应链内部延迟交付货款的商业融资成为一种可行的融资方式。从供应商的角度而言，生产商由于缺乏资金减少订货量，也会使供应商产生损失，因而其有意愿对产品项目进行融资。

创新过程本身具有不确定性，供应商难以评估新产品的市场需求以及价格等因素，其融资决策具有一定风险。同时，在合作双方的借贷关系中，存在信息不对称现象，从委托代理理论的角度看包含逆向选择和道德风险的问题。首先，生产商比上游供应商更掌握创新产品的定价信息，对供应商而言是逆向选择。在缺少商业记录和缺乏抵押资产的情况下，供应商往往通过高利率或者收紧贷款来平衡风险，使企业融资遭受不利的影响。其次，借款后生产商可能会选择高风险项目来补偿贷款成本，使得供应商要通过研发合作过程，对产品项目进行监控。因此，在不完全信息的情况下，供应链内部企业间的融资契约设计要兼顾双方利润和风险之间的衡量。

近年来，许多国内外学者已经开始对有资金约束的供应链问题进行研究，包括库存决策、生产决策、采购决策以及融资决策，结果表明通过存货资产融资银行可以设计合理的利率以降低融资风险。在资金约束的库存问题中，国内外许多学者都采用了报童模型和博弈论模型，如 Dada 和 Hu（2008）建立了银行和零售商之间基于 Stackelberg 博弈的线性和非线性契约模型。也有许多学者从供应链商业信用的角度进行研究，如王文利等（2013）研究了在随机需求环境下有资金约束的两阶段零售商订货策略，结果表明零售商的自有资金和市场前景对订货策略有重要影响。

上述学者的研究都假定信息对称。虽然不对称信息在供应链生产、库存、采购方面的运营管理中备受关注（Feng et al.，2014），但是在供应链金融领域中鲜有不对称信息下的研究，窦亚芹和朱金福（2012）分析了不对称信息下供应链内部融资的信息成本优势对供应链绩效的影响。

本章主要探讨在价格信息不对称的情景下，有资金约束的生产商向供应链上游供应商贷款的运营与融资决策问题，以利润最大化和降低供应链风险为目标为供应商设计了混同契约和甄别契约。同时对比了在价格信息不对称下采用两种契约的双方决策和收益情况，并分析了契约中参数的变化对决策的影响。

第一节　基本问题描述

一　问题描述与假设

本章考虑在市场需求 D 不确定的情境下，生产商向其关键部件供应商进行一次性订货，并通过延迟交付货款的形式向供应商进行借款。新产品研发成功后，生产商负责市场销售，并将销售收入优先偿还供应商的货款和借款利息。假设每个产品需要一个关键部件，订购价格为 c，产品市场销售价格为 p。这里假设新产品的市场需求不确定，需求分布的概率密度为 $f(\cdot)$，概率分布函数为 $F(\cdot)$，是连续、可导、严格递增的，并符合递增失败率性质（IFR），定义 $\bar{F}(x) = 1 - F(x)$，该需求分布满足如正态分布、伽马分布、指数分布、均匀分布等常见的分布。

受到初始资金 η 的限制，生产商不能实现报童模型中的最优订购量 Q_0［满足 $\bar{F}(Q_0) = c/p$］，为获得充足的资金，该生产商以 r 的贷款利率向供应商借款 B，并向供应商发出订货量 Q，在销售季节末生产商应向供应商偿还贷款额为：

$$B(1+r) = (cQ - \eta)(1+r)$$

倘若生产商的销售收入 $p\min\{Q, D\}$ 不足以偿还供应商的贷款，这时生产商有破产的风险，意味着供应商只能获得生产商有限的偿还。这里不考虑缺货损失和剩余产品的残值问题。因此，为了保证销售季末有足够的资金偿还贷款，生产商的最低销售量为：

$$s = (cQ - \eta)(1+r)/p$$

考虑产品的市场价格信息为不对称信息。假设市场中商品的销售价格分为低价格 p_1 和高价格 p_2 两类,且有 $c < p_1 < p_2$。生产商清楚自己的价格类型,但是供应商并不清楚,其仅知道市场上出现两种销售价格的概率分别为 $\Pr(p_i = p_1) = \theta$ 和 $\Pr(p_i = p_2) = 1 - \theta$,这个先验概率被视做共同知识。

二　供应商与生产商的决策目标

与部分文献的博弈模型相同（如 Kouvelis 和 Zhao,2012）,本章采用两阶段 Stackelberg 博弈模型,在博弈过程中供应商作为领导者,生产商作为跟随者。在合作开始前,供应商先提供包含贷款利率 r 和固定支付 k 两个参数的融资契约 (r, k),生产商根据自己关于商品市场价格的私有信息,选择使自己利润最大化的契约,同时决策最优订货量。给定贷款利率和产品销售价格,生产商期望利润 π_r 表达式为:

$$\pi_r = -\eta + p \int_s^Q (x-s)\,\mathrm{d}F(x) + p(Q-s)\int_Q^\infty \mathrm{d}F(x)$$

$$= -\eta + p \int_s^Q \bar{F}(x)\,\mathrm{d}x$$

其中,$p\int_s^Q (x-s)\,\mathrm{d}F(x)$ 为当市场需求 D 满足 $s \leqslant D < Q$ 时生产商的期望收益;$p(Q-s)\int_Q^\infty \mathrm{d}F(x)$ 为当市场需求 D 满足 $Q \leqslant D$ 时生产商的期望收益;在销售量低于 s 时,生产商将用所有销售收入偿还贷款。

生产商最优的订货量决策具体如下:(1) 当初始资金 $\eta > c\bar{F}^{-1} \times [c(1+r)/P]$ 时,生产商不借款,最优订货量 $\dot{Q} = \eta/c$;(2) 当初

始资金 $\eta \leqslant c\bar{F}^{-1}[c(1+r)/P]$ 时，生产商向供应商借款，最优订货量可以写成 $\hat{Q} = F^{-1}[1 - c(1+r)\bar{F}(s)/p]$。

接下来分析供应商的融资决策：当市场销售量低于 s 时，生产商无法偿还所有借贷，更高的市场价格意味着在生产商破产时，供应商可以得到更多销售收入作为补偿；否则，仅获得固定收益 $B(1+r)$。因此，供应商的期望利润 π_b 可表示为：

$$\pi_b = B(1+r)\bar{F}(s) + p\int_0^s x\mathrm{d}F(x) - B$$

从上式可以看出，供应商期望一个较高的销售价格来降低破产带来的损失风险，Dada 和 Hu（2008）证明了在企业的初始资金不变的情况下，贷款利率与市场价格呈正相关关系，$\mathrm{d}r^*/\mathrm{d}p > 0$，生产商有伪装成较低的价格以拿到低贷款利率的驱动。接下来本章将通过契约设计，诱使生产商透露真实的价格信息并做出最优订货决策。根据显示原理，通过激励主动选择，供应商可以分辨生产商的价格类型，从而更新市场的先验概率。

第二节　价格信息不对称下的契约模型

一　混同契约模型

首先考虑供应商提供一个混同契约，即在这个契约下不能区分最终产品价格的私有信息，无论面对何种价格，生产商都给予同样的契约。很显然，这样的契约对于生产商没有任何选择弹性，但是生产商会根据不同价格信息和贷款契约参数选择自身最优的订货量。在这样的约定下，构造供应商作为博弈的领导者、生产商作为跟随者的 Stackelberg 博弈模型：

$$\max_{r,k}\pi_b^p = \theta\Big[B_1(1+r)\overline{F}(s_1) + p_1\int_0^{s_1}x\mathrm{d}F(x) - B_1 + k\Big] +$$

$$(1-\theta)\Big[B_2(1+r)\overline{F}(s_2) + p_2\int_0^{s_2}x\mathrm{d}F(x) - B_2 + k\Big] \quad (6-1)$$

$$\text{s. t.} \quad -\eta + p_1\int_{s_1}^{Q_1}\overline{F}(x)\mathrm{d}x - k \geqslant \pi_0 \quad\quad\quad (6-2)$$

$$-\eta + p_2\int_{s_2}^{Q_2}\overline{F}(x)\mathrm{d}x - k \geqslant \pi_0 \quad\quad\quad (6-3)$$

$$Q_i \in \text{argmax} \, -\eta + p_i\int_{s_i}^{Q_i}\overline{F}(x)\mathrm{d}x - k, \ i=1,2 \quad (6-4)$$

为了得到模型的显式解以便更好地分析各变量之间的关系，根据前文对市场需求分布的性质描述，假设需求分布符合均匀分布，其分布函数为 $F(x)=(x-a)/(b-a)$，概率密度为 $f(x)=1/(b-a)$，$0\leqslant a\leqslant b$。定义 $\overline{F}(x)=1-F(x)=(b-x)/(b-a)$，可以得到符合均匀分布的规划模型：

$$\max_{r,k}\pi_b^p = \theta\Big[\frac{p_1}{b-a}\Big(bs_1 - \frac{s_1^2}{2}\Big) - \frac{p_1 s_1}{1+r} + k\Big] +$$

$$(1-\theta)\Big[\frac{p_2}{b-a}\Big(bs_2 - \frac{s_2^2}{2}\Big) - \frac{p_2 s_2}{1+r} + k\Big] \quad\quad (6-5)$$

$$\text{s. t.} \quad \frac{p_1}{b-a}\Big(bQ_1 - \frac{Q_1^2}{2} - bs_1 + \frac{s_1^2}{2}\Big) - k \geqslant \pi_0 \quad\quad (6-6)$$

$$\frac{p_2}{b-a}\Big(bQ_2 - \frac{Q_2^2}{2} - bs_2 + \frac{s_2^2}{2}\Big) - k \geqslant \pi_0 \quad\quad (6-7)$$

$$Q_i \in \text{argmax}\, \frac{p_i}{b-a}\Big(bQ_i - \frac{Q_i^2}{2} - bs_i + \frac{s_i^2}{2}\Big) - k, \ i=1,2 \quad (6-8)$$

由激励相容约束式（6-8），可以解得混同模型下的最优结果：

$$Q_i^p = \frac{bp_i}{c(1+r)+p_i}$$

$$s_i^p = cQ_i^p(1+r)/p_i$$

再结合个人参与约束条件式（6-6）和式（6-7），可以求得：

$$k \leqslant \min\left\{\frac{p_i}{b-a}\left(bQ_i - \frac{Q_i^2}{2} - bs_i + \frac{s_i^2}{2}\right) - \pi_0\right\} \qquad (6-9)$$

将生产商选择的最优订货量 Q_i^p 和折后价格 s_i^p 代入供应商的利润函数式，得到：

$$\pi_b^p = \frac{\theta p_1 bc}{b-a}\left[\frac{bx-(b-a)}{cx+p_1} - \frac{bcx^2}{2(cx+p_1)^2}\right] +$$

$$\frac{(1-\theta)p_2 bc}{b-a}\left[\frac{bx-(b-a)}{cx+p_2} - \frac{bcx^2}{2(cx+p_2)^2}\right] + k$$

对 r 和 k 求一阶条件：

$$\frac{\partial \pi_b}{\partial x} = \frac{\theta p_1\left[bp_1^2 + c(b-a)(cx+p_1)\right]}{(cx+p_1)^3} +$$

$$\frac{(1-\theta)p_2\left[bp_2^2 + c(b-a)(cx+p_2)\right]}{(cx+p_2)^3}$$

其中，$x=1+r$，可以判断 $\frac{\partial \pi_b}{\partial x} > 0$，因此 π_b 随 r 的增大而增大，r 在取值范围 $[0, \min\{p_1/c-1, p_2/c-1\}]$ 内取最大值，最优利率为：

$$r^p = \min\{p_1/c-1, p_2/c-1\} = p_1/c-1 \qquad (6-10)$$

由 $\frac{\partial \pi_b}{\partial k} = 1$ 可知，供应商希望 k 值越大越好，结合式（6-9）的约束范围，得到最优的固定支付：

$$k^p = \min_{i=1,2}\left\{\frac{p_i}{b-a}\left(bQ_i - \frac{Q_i^2}{2} - bs_i + \frac{s_i^2}{2}\right) - \pi_0\right\} \qquad (6-11)$$

二　价格信息不对称下的甄别契约模型

可以看到混同契约下并没有考虑不同价格对借贷的风险因素，

采用同一的利率和固定支付无法解决逆向选择的问题，因此设计了甄别契约模型，激励生产商说真话，减少供应链风险。令 $m = p/(1+r)$，表示在支付供应商贷款利率之后商品的折扣价格，可以将供应商对贷款利率的决策替换为对 m 的决策。经过实践和理论分析，单一的利率约束无法甄别生产商的类型，因此在第一阶段先给出包含贷款利率 m 和固定费用 k 两个决策要素的甄别契约：(m_1, k_1)，(m_2, k_2)。

博弈的过程为：第一阶段，供应商首先向生产商提供一组甄别契约，生产商根据私有信息选择其中一个契约，或者选择不贷款；第二阶段，生产商根据其签订的融资契约，确定使自己利润最大化的最优订货量。市场中高低价格生产商出现的概率是共同知识，因此在价格信息不对称下，甄别契约模型可以表示为：

$$\max_{(m_1,k_1)(m_2,k_2)} \pi_b^s = \theta \left[p_1 \int_0^{s_1} \bar{F}(x)\,\mathrm{d}x - m_1 s_1 + k_1 \right] +$$

$$(1-\theta) \left[p_2 \int_0^{s_2} \bar{F}(x)\,\mathrm{d}x - m_2 s_2 + k_2 \right] \qquad (6-12)$$

$$\text{s. t. } \pi_{11} = -\eta + p_1 \int_{s_1}^{Q_1} \bar{F}(x)\,\mathrm{d}x - k_1$$

$$\geqslant \pi_{12} = -\eta + p_1 \int_{s_{12}}^{Q_{12}} \bar{F}(x)\,\mathrm{d}x - k_2 \qquad (6-13)$$

$$\pi_{22} = -\eta + p_2 \int_{s_2}^{Q_2} \bar{F}(x)\,\mathrm{d}x - k_2$$

$$\geqslant \pi_{21} = -\eta + p_2 \int_{s_{21}}^{Q_{21}} \bar{F}(x)\,\mathrm{d}x - k_1 \qquad (6-14)$$

$$\pi_{11} = -\eta + p_1 \int_{s_1}^{Q_1} \bar{F}(x)\,\mathrm{d}x - k_1 \geqslant \pi_0 \qquad (6-15)$$

$$\pi_{22} = -\eta + p_2 \int_{s_2}^{Q_2} \bar{F}(x)\,\mathrm{d}x - k_2 \geqslant \pi_0 \qquad (6-16)$$

其中，式（6-13）和式（6-14）是生产商最优决策的激励相容约束条件（IC），这是一个说真话的信用机制：已知自己的零售价格类型为p_i，生产商选择融资合同(m_i, k_i)所获取的利润π_{ii}不少于选择另一个合同(m_j, k_j)所获取的利润π_{ij}，其中$i, j \in \{1, 2\}$，且$i \neq j$。式（6-15）和式（6-16）是个体理性约束条件（IR），保证生产商选择任意合同都会获得最低的保留利润。在甄别合同模型中，有$s_i = (cQ_i - \eta)(1 + r_i)/p_i$，$s_{ij} = (cQ_{ij} - \eta)(1 + r_j)/p_i$，$i, j \in \{1, 2\}$。

已有文献（晏妮娜、孙宝文，2011）表明初始资金量越少，融资可能出现的破产风险越大，供应商收取的融资利率越高。本章进一步假设生产商的初始资本为零，这个假设降低了生产商的保留利润，但是不影响模型的性质。简化后的模型可以表示为：

$$\max_{(m_1, k_1)(m_2, k_2)} \pi_b^s = \theta\left[\frac{p_1}{b-a}\left(bs_1 - \frac{s_1^2}{2}\right) - m_1 s_1 + k_1\right] +$$

$$(1-\theta)\left[\frac{p_2}{b-a}\left(bs_2 - \frac{s_2^2}{2}\right) - m_2 s_2 + k_2\right] \qquad (6-17)$$

$$\text{s. t. } \frac{p_1}{b-a}\left(bQ_1 - \frac{Q_1^2}{2} - bs_1 + \frac{s_1^2}{2}\right) - k_1$$

$$\geq \frac{p_2}{b-a}\left(bQ_{12} - \frac{Q_{12}^2}{2} - bs_{12} + \frac{s_{12}^2}{2}\right) - k_2 \qquad (6-18)$$

$$\frac{p_2}{b-a}\left(bQ_2 - \frac{Q_2^2}{2} - bs_2 + \frac{s_2^2}{2}\right) - k_2$$

$$\geq \frac{p_1}{b-a}\left(bQ_{21} - \frac{Q_{21}^2}{2} - bs_{21} + \frac{s_{21}^2}{2}\right) - k_1 \qquad (6-19)$$

$$\frac{p_1}{b-a}\left(bQ_1 - \frac{Q_1^2}{2} - bs_1 + \frac{s_1^2}{2}\right) - k_1 \geq \pi_0 \qquad (6-20)$$

$$\frac{p_2}{b-a}\left(bQ_2 - \frac{Q_2^2}{2} - bs_2 + \frac{s_2^2}{2}\right) - k_2 \geq \pi_0 \qquad (6-21)$$

第三节　甄别契约模型的求解与分析

一　模型求解

在 Stackelberg 博弈模型中使用逆向求解法，首先假定供应商给出合同参数的情况下，生产商根据自身的实际价格来确定最优的订货量，求出每种合同下的生产商利润的一阶导数，令 $\partial \pi_{ii}/\partial Q_i = 0$，$\partial \pi_{ij}/\partial Q_{ij} = 0$，生产商的最优订货量分别为：

$$Q_1^* = \frac{bm_1}{c+m_1}, \ Q_2^* = \frac{bm_2}{c+m_2}, \ Q_{12}^* = \frac{bm_2(p_1/p_2)}{c+m_2(p_1/p_2)},$$

$$Q_{21}^* = \frac{bm_1(p_2/p_1)}{c+m_1(p_2/p_1)} \tag{6-22}$$

保证供应商收回融资回报的最低销售量为：

$$s_1 = \frac{bc}{c+m_1}, \ s_2 = \frac{bc}{c+m_2}, \ s_{12} = \frac{bc}{c+m_2(p_1/p_2)},$$

$$s_{21} = \frac{bc}{c+m_1(p_2/p_1)} \tag{6-23}$$

引理 6.1　只要保证低销售价格的生产商获得保留利润，则高销售价格的生产商所获得的利润一定大于保留利润。

证明：将式（6-22）、式（6-23）代入式（6-18）、式（6-19），得到：

$$\pi_{11} = \frac{p_1}{b-a}\left(bQ_1 - \frac{Q_1^2}{2} - bs_1 + \frac{s_1^2}{2}\right) - k_1 = \frac{p_1}{b-a}\left(\frac{b^2}{2} - \frac{b^2c}{m_1+c}\right) - k_1$$

由于 $\partial \pi_{11}/\partial m_1 > 0$ 且 $m_1 p_2/p_1 > m_1$，则 $\pi_{11} < \frac{p_2}{b-a}\left(\frac{b^2}{2} - \frac{b^2c}{m_1 p_2/p_1 + c}\right) -$

$k_1 = \pi_{21}$，同时考虑约束条件式（6-19），可以得到 $\pi_{22} \geqslant \pi_{21} > \pi_{11} \geqslant$

0。因此，只要保证个体理性约束条件式（6-20）成立，那么约束条件式（6-21）一定成立，式（6-21）是冗余的。

证毕。

根据引理 6.1 的结论，求解原模型式（6-17）至式（6-20），得到如下结论。

命题 6.1 如果市场需求分布符合递增失败率性质（IFR），在生产商贷款的利率范围，可以得到甄别合同中的最优固定支付 k_1^*、k_2^*。

证明：Buzacott 和 Zhang（2004）的文章（Theorem 3，p. 1283）已经验证当需求分布符合递增失败率性质（IFR）时，可以利用库恩—塔克条件（KKT 条件）求解最优解。下面利用目标函数、三个约束条件及因子 λ、σ、μ 构建拉格朗日函数：

$$
L = \theta\left[\frac{p_1}{b-a}\left(bs_1 - \frac{s_1^2}{2}\right) - m_1 s_1 + k_1\right] + (1-\theta)\left[\frac{p_2}{b-a}\left(bs_2 - \frac{s_2^2}{2}\right) - m_2 s_2 + k_2\right] +
$$

$$
\lambda\left(\begin{array}{l} \dfrac{p_1}{b-a}\left(bQ_1 - \dfrac{Q_1^2}{2} - bs_1 + \dfrac{s_1^2}{2}\right) - k_1 \\[2mm] -\dfrac{p_2}{b-a}\left(bQ_{12} - \dfrac{Q_{12}^2}{2} - bs_{12} + \dfrac{s_{12}^2}{2}\right) + k_2 \end{array}\right) +
$$

$$
\sigma\left(\begin{array}{l} \dfrac{p_2}{b-a}\left(bQ_2 - \dfrac{Q_2^2}{2} - bs_2 + \dfrac{s_2^2}{2}\right) - k_2 \\[2mm] -\dfrac{p_1}{b-a}\left(bQ_{21} - \dfrac{Q_{21}^2}{2} - bs_{21} + \dfrac{s_{21}^2}{2}\right) + k_1 \end{array}\right) +
$$

$$
\mu\left[\frac{p_1}{b-a}\left(bQ_1 - \frac{Q_1^2}{2} - bs_1 + \frac{s_1^2}{2}\right) - k_1 - \pi_0\right] \tag{6-24}
$$

对上式求一阶导数，得：

$$
\frac{\partial L}{\partial k_1} = \theta - \lambda(b-a)/p_1 + \sigma(b-a)/p_2 - \mu(b-a)/p_1 = 0
$$

$$\Rightarrow (\lambda + \mu)(b-a)/p_1 = \theta + \sigma(b-a)/p_2 > 0$$

$$\Rightarrow \lambda + \mu > 0 \tag{6-25}$$

$$\frac{\partial L}{\partial k_2} = (1-\theta) + \lambda(b-a)/p_1 - \sigma(b-a)/p_2 = 0$$

$$\Rightarrow \sigma(b-a)/p_2 = (1-\theta) + \lambda(b-a)/p_1 > 0$$

$$\Rightarrow \sigma > 0 \tag{6-26}$$

根据 KKT 条件 $\sigma\frac{\partial L}{\partial \sigma} = 0$ 和式（6-26），可以得到 $\frac{\partial L}{\partial \sigma} = 0$，因此式（6-19）应取等式。根据式（6-25），采用反证法假设 $\lambda > 0$，则有式（6-18）取等式，当式（6-18）、式（6-19）都取等式时，说明不论生产商价格高低及选择何种融资契约，取得的利润都是相同的，这与本章的假设相矛盾。因此，在 $\lambda + \mu > 0$ 中，$\lambda = 0$，$\mu > 0$，同理有式（6-20）取等式。求解式（6-19）、式（6-20）取等号时得到的两个方程，可以解得：

$$k_1^* = \frac{p_1 b^2 (m_1 - c)}{2(b-a)(m_1 + c)} - \pi_0 \tag{6-27}$$

$$k_2^* = \frac{b^2}{2(b-a)}\Big[\frac{p_2(m_2 - c)}{m_2 + c} + \frac{p_1(m_1 - c)}{m_1 + c} -$$

$$\frac{p_2(m_1 p_2/p_1 - c)}{m_1 p_2/p_1 + c}\Big] - \pi_0 \tag{6-28}$$

命题 6.1 证毕。

引理 6.2 供应商设计的贷款利率要符合取值范围：$0 \leqslant r \leqslant \frac{p}{c}\overline{F}(\eta/c) - 1$。

证明：只有生产商的初始资金小于报童模型下的最优订货金额，生产商才会向供应商贷款，因此，m 满足 $\eta/c < Q_0 = \overline{F}^{-1}(c/m)$；同

时，在支付贷款利率之后商品折扣的销售价格小于商品的零售价时，生产商向供应商融资才有意义。因此，诱使生产商借款的利率范围是：$\dfrac{c}{\overline{F}(\eta/c)} \leqslant m \leqslant p$，由此可以推出 $0 \leqslant r \leqslant \dfrac{p}{c}\overline{F}(\eta/c) - 1$。在 $\eta = 0$ 时有 $c \leqslant m \leqslant p$，$0 \leqslant r \leqslant \dfrac{p}{c} - 1$。

命题 6.2 如果市场需求分布符合递增失败率性质（IFR），在生产商贷款的利率范围，可以得到甄别合同中的最优利率 m_1^*、m_2^*。

证明：第一步，在不对称信息下的甄别模型是有不等式约束的非线性规划问题，四个决策变量为 m_1、k_1、m_2、k_2。引理 6.1 证明约束条件式（6-21）是冗余的。因此，将目标函数和三个约束条件构建拉格朗日函数：$L = \pi_b^s + \lambda(\pi_{11} - \pi_{12}) + \sigma(\pi_{22} - \pi_{21}) + \mu(\pi_{11} - \pi_0)$，即式（6-24）。根据 KKT 条件，得到式（6-19）和式（6-20）两个紧约束方程，可以求得 $k_1^*(m_1)$ 和 $k_2^*(m_1, m_2)$ 的表达式，即式（6-27）和式（6-28）。将 k_1^*、k_2^* 代入目标函数，转化成关于 m_1、m_2 的函数。可以看到，对于 π_b^s，m_1、m_2 是相互独立的，可以将 π_b^s 表示为 π_{m_1} 和 π_{m_2} 两部分，即 $\pi_b^s = \pi_{m_1} + \pi_{m_2}$。

第二步，求解 m_2^*。根据引理 6.2，有贷款利率的取值范围 $0 \leqslant r \leqslant \overline{F}(\eta/c)p/c - 1$，从而当初始资金 $\eta = 0$ 时，得到 m_2 的取值范围：$c \leqslant m_2 \leqslant p_2$。目标函数与 m_2 相关的式子为：$\pi_{m_2} = \theta_2\Big[\dfrac{b^2 p_2}{2(b-a)} - \dfrac{p_2 b^2 c^2}{2(b-a)(m_2+c)} - \dfrac{m_2 bc}{m_2+c}\Big]$。

令 $\dfrac{\partial \pi_{m_2}}{\partial m_2} = \theta_2\Big[\dfrac{p_2 b^2 c^2}{(b-a)(m_2+c)^3} - \dfrac{bc}{(m_2+c)} + \dfrac{m_2 bc}{(m_2+c)^2}\Big] = 0$，得 $m_2' = p_2 b/(b-a) - c$。函数 π_{m_2} 在 (c, p_2) 上连续可导，且当 $c \leqslant$

$m_2 < m_2'$ 时，$\partial \pi_{m_2}/\partial m_2 > 0$，函数单调递增；当 $m_2' \leqslant m_2 \leqslant p$ 时，$\partial \pi_{m_2}/\partial m_2 < 0$，函数单调递减。则 π_b^s 在 (c, p_2) 区间上凸，在 m_2' 处存在最大值。取得最大值时 $m_2^* = m_2'$，得最优解 $m_2^* = p_2 b/(b-a) - c$。

第三步，求解 m_1^*。原目标函数关于 m_1 的部分：

$$\pi_{m_1} = \theta \left\{ \frac{p_1}{b-a} \left[\frac{b^2 c}{m_1 + c} - \frac{b^2 c^2}{2(m_1 + c)^2} \right] - \frac{m_1 bc}{m_1 + c} + \frac{p_1 b^2 (m_1 - c)}{2(b-a)(m_1 + c)} \right\} +$$

$$(1 - \theta) \left[\frac{b^2 p_1 (m_1 - c)}{2(m_1 + c)(b-a)} - \frac{b^2 p_2 (m_1 p_2/p_1 - c)}{2(m_1 p_2/p_1 + c)(b-a)} \right]$$

求一阶导数，得到关于 m_1 的一元三次函数：

$$\frac{\partial \pi_{m_1}}{\partial m_1} = \theta_1 \left[\frac{p_1 b^2 c^2}{(b-a)(m_1 + c)^3} - \frac{bc}{m_1 + c} + \frac{m_1 bc}{(m_1 + c)^2} \right] +$$

$$\frac{b^2 \theta_2}{(b-a)} \left[\frac{p_1 c}{(m_1 + c)^2} - \frac{p_2 c p_2/p_1}{(m_1 p_2/p_1 + c)^2} \right]$$

采用等式替换，令

$k = \theta_2/\theta_1$，

$t = p_2/p_1$，

$A' = (b-a)c + kb(tp_2 - p_1)$，

$C' = 3ktbc^2 p_2 - 2tc - c^2(kbp_1 - bc + ac)(1 + 2t)$，

$D' = ktbc^3 p_2 - c^2 - c^3(kbp_1 - bc + ac)$。

求解 $\partial \pi_{m_1}/\partial m_1 = 0$ 可得，$A' m_1^3 + B' m_1^2 + C' m_1 + D' = 0$。

采用盛金公式判断一元三次方程解的性质和表达式。盛金公式中，令 $A = B'^2 - 3A'C'$，$B = B'C' - 9A'D'$，$C = C'^2 - 3B'D'$，根的判别式 $\Delta = B - 4AC$。当 $\Delta < 0$ 时，方程有三个不等的实根；当 $\Delta = 0$ 时，方程有三个实根，其中两个重根；当 $\Delta > 0$ 时，方程有一个实根、两个虚根；当 $A = B = 0$ 时，方程有一个三重实根，并且根据求根公式可以得到每种情况下解的表达式。又因为在一阶导数为零的方程中，三次项系数 $A' = (b-a)c + kb(tp_2 - p_1) > 0$，下面分情况讨论一阶导数 $f'(m_1)$ 和原函数 $f(m_1)$ 的图形趋势，以及原函数在定义域内的极值点的情况。

（1）当 $\Delta < 0$，且 $A' > 0$ 时，$f'(m_1)$ 有三个不等的实根：m_a、m_b、m_c。根据极值存在的第一充分条件，在可行域 $[c, p]$ 上，$f(m_1)$ 连续可导，且当 $m_a < m_1 < m_b$ 时 $f'(m_1) > 0$，当 $m_b < m_1 < m_c$ 时 $f'(m_1) < 0$，则 $f(m_1)$ 在 m_b 处取得极大值，最优解为：

$$m_1^* = \begin{cases} m_b, & \text{若 } m_a \leqslant c < m_b < p \leqslant m_c \\ & \text{或 } c < m_a < m_b \leqslant p < m_c, f(c) \leqslant f(m_b) \\ & \text{或 } m_a < c \leqslant m_b < m_c < p, f(m_b) \geqslant f(p) \\ c, & \text{若 } c < m_a < m_b \leqslant p < m_c, f(c) > f(m_b) \\ & \text{或其他，} f(c) > f(p) \\ p, & \text{若 } m_a < c \leqslant m_b < m_c < p, f(m_b) < f(p) \\ & \text{或其他，} f(c) \leqslant f(p) \end{cases} \quad (6-29)$$

（2）当 $\Delta = 0$，且 $A' > 0$ 时，$f'(m_1)$ 有两个不等的实根：m_a 和 m_b。

（3）当 $\Delta > 0$，且 $A' > 0$ 时，$f'(m_1)$ 有一个实根：m_a。

在（2）和（3）两种情况下，原函数在定义域内没有极大值点，函数的最大值在定义域两个端点取得，所以最优解为：

$$m_1^* = \begin{cases} c, & \text{若 } f(c) \geqslant f(p) \\ p, & \text{若 } f(c) < f(p) \end{cases}$$

命题 6.2 证毕。

二　模型性质分析与数值算例

前一部分已经对甄别契约模型进行了求解，下面将通过数值模拟来分析决策变量、期望利润和各参数之间的关系。给参数赋值，令 $a=1$，$c=0.1$，$p_1=0.8$，$p_2=1.1$，$\pi_0=0$，$\theta=0.7$。

推论 6.1　随着市场需求规模的增大，融资契约中对两种价格生产商的贷款利率都将增大，但增加的速度逐渐变缓，趋向于固定值，且有 $r_1^* > r_2^*$。随着市场需求规模的扩大，甄别契约中的最优固定支付 k_1^*、k_2^* 都逐渐减少，且有 $k_1^* < k_2^*$。

如图 6-1 所示，在 m_1^* 的取值范围 $[0.1, 0.8]$ 上，随着市场销售量 b 的增加，在甄别契约中给高、低价格生产商的贷款利率都逐渐增加，但是 r_1 浮动较大，这说明供应商对低价格生产商的风险估计值较高，采用提高贷款利率的方法来降低信贷风险。而给予高价格生产商的贷款利率从 0 增加到 0.075，利率浮动较小。

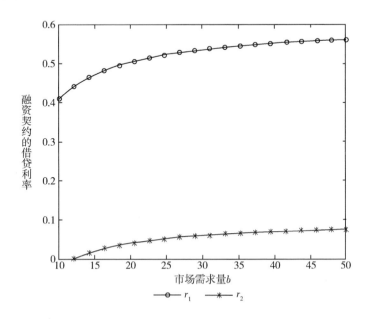

图 6-1　贷款利率与需求量 b 的变化关系

证明：（1）$a=0$，有 $m_2^* = p_2 - c$，利率固定不变 $r_2^* = c/(p_2 - c)$。

（2）$a \neq 0$，$p_2 > c(b-a)/a$ 时，m_2^* 的取值为 $\dfrac{p_2 b}{b-a} - c$，可以求得 $\dfrac{\partial m_2^*}{\partial b} = -\dfrac{ap_2}{(b-a)^2} < 0$，$\dfrac{\partial r_2^*}{\partial b} = -\dfrac{p_2}{(m_2^*)^2}\dfrac{\partial m_2^*}{\partial b} = \dfrac{ap_2^2}{(b-a)^2(m_2^*)^2} > 0$，即最优贷款利率与市场需求正相关，随着市场需求的增大而增大。市场需求趋向无穷时，两种利率将保持在一定水平：$r_2 = p_2/(p_2 - c) - 1 = 0.1$，$r_1 = 0.6$。

虽然供应商对高价格的生产商收取较低的贷款利率，以此激励生产商订货，但是供应商为了规避风险，也会收取较高的固定费用，如图6-2所示。随着商品市场需求的增大，供应商收回借贷的期望增大，因此会下调贷款的固定费用。

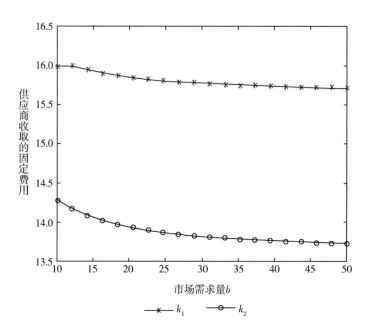

图6-2　固定费用与需求量 b 的变化关系

推论 6.2 低价格生产商的概率存在一个阈值 σ：$\theta < \sigma$ 时，在菜单契约中对两类生产商的固定费用和贷款利率都不变；$\theta \geq \sigma$ 时，对于低价格生产商而言贷款利率逐渐降低，交易的固定费用增加，而对于高价格生产商而言贷款利率不变，固定费用逐渐减少。

由引理 6.2 可以求得，r_1 取值范围 $0 < r_1 \leq \dfrac{p_1}{c} - 1 = 7$。$\theta < \sigma$ 时，

$r_1 = \dfrac{p_1}{c} - 1 = 7$；$\theta \geq \sigma$ 时，$r_1^* = \dfrac{p_1}{m_1^*} - 1$，随 θ 的增大而降低。对高价

格生产商，$m_2^* = \min\left\{\dfrac{p_2 b}{b - a} - c, p_2\right\} = \min\{1, 1.1\} = 1$，可以得到

$r_2^* = \dfrac{p_2}{m_2^*} - 1 = 0.1$。

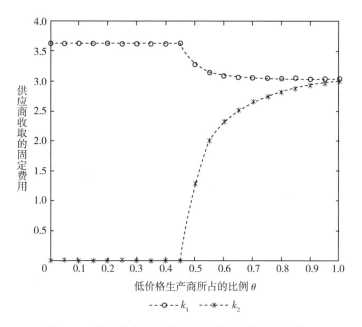

图 6 – 3 低价格生产商所占的比例与固定费用的关系

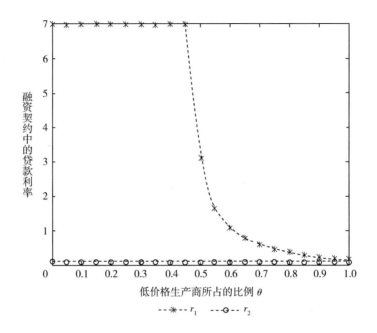

图 6 - 4　低价格生产商所占的比例与贷款利率的关系

从图 6 - 3、图 6 - 4 中可以看出，不论市场中高低价格出现的概率如何，供应商都给予高价格生产商不变且较低的借贷利率，体现了经济学中的"高端不扭曲"现象。而对于销售价格较低的生产商，市场中出现低价格的比例较小时，供应商会给出很高的贷款利率从而将低价格生产商排出借贷市场，降低其可能破产引发的信贷风险。

推论 6.3　随着低价格生产商所占比例的增大，供应商的期望收益逐渐减少，因此供应商期望高价格生产商的出现；当比例超过一定阈值时，供应商利润下降的速度减缓，高价格生产商的利润逐渐增大。低价格生产商只能获得保留利润。

通过图 6 - 5 可以验证推论 6.3 的结论，随着高价格生产商所占比例的减少，其期望利润出现一定增加，这是因为当市场上高价格生产商的数量减少时，其自身的销售价格信息对供应商而言尤为重要，供应商为了获得此类生产商的价格信息就要付出额外的信息租金（$\Delta\pi_2 = \pi_2^s - \pi_2^p$），以此激励高价格生产商透露自己的真实价格。

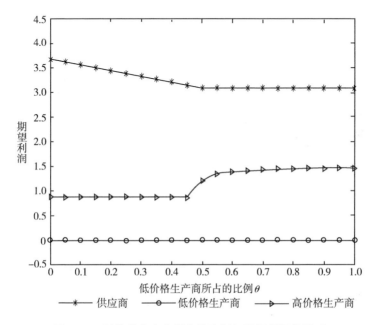

图6-5　低价格生产商所占的比例与期望利润的关系

生产商的最优采购订货量为 $Q^* = bm/(c+m)$，$\mathrm{d}Q/\mathrm{d}m = bc/(c+m)^2 > 0$，因此订货量与贷款利率负相关，与固定支付 k 无关。所以当 $\theta > \sigma$ 时，对低价格生产商的利率下降，促使该类生产商增加订货量；而高价格生产商的利率和订货量都不变。这表明甄别契约给予高价格生产商格外的信息租金，但并没有激励其增加订货量。

第四节　混同契约和甄别契约的比较

一　考虑两类价格生产商所占比例的变化

在混同契约中给契约参数相同的赋值，根据式（6 – 10）和式（6 – 11）得到 $r^p = p_1/c - 1 = 7$，$k^p = \min\{0, 20/7\} = 0$。由此可见，在使用混同契约情况下，供应商不对生产商的销售价格信息进行区分，采用统一的贷款利率，大于等于在甄别模型下的贷款利率 r_1^s 和 r_2^s。

表 6 – 1 中 π_b^s、π_b^p 分别表示供应商在甄别契约、混同契约下的期望利润，π_{r2}^s、π_{r2}^p 表示高价格生产商在甄别契约和混同契约下的利润，π_t^s、π_t^p 表示供应商和生产商组成的供应链在甄别契约和混同契约下的总体期望利润。从数据分析中可以得到如下结论。

表6 –1　　　　　　　　　混同契约和甄别契约下的利润比较

θ	π_b^s	π_b^p	π_{r2}^s	π_{r2}^p	π_t^s	π_t^p	$\Delta\pi$
0.10	3.5593	3.0198	0.8684	0.8684	4.4277	3.8882	0
0.30	3.3239	2.9043	0.8684	0.8684	4.1923	3.7727	0
0.45	3.1474	2.8177	0.8684	0.8684	4.0158	3.6861	0
0.50	3.1005	2.7888	1.2229	0.8684	4.3234	3.6572	0.3545
0.70	3.0716	2.6733	1.4364	0.8684	4.5080	3.5417	0.5680
0.90	3.0646	2.5578	1.4596	0.8684	4.5242	3.4262	0.5912

（1）供应商在甄别契约下的期望利润均大于混同契约下的利润，$\pi_b^s > \pi_b^p$；且在两种契约模式下，随着低价格生产商比例的增

加，供应商的期望利润都逐渐降低，因此供应商更喜欢甄别契约。

（2）低价格的生产商在两种契约下的利润，均与其所占市场比例无关，仅得到保留利润，$\pi_{r1}^s = \pi_{r1}^p = \pi_0$。高价格生产商在混同契约下的利润是一个固定值，与其所占比例无关；而在甄别契约中，$\theta \leqslant \sigma$ 时，利润不变，$\pi_{r2}^s = \pi_{r2}^p$；$\theta > \sigma$ 时，随着 θ 的增大，利润逐渐增大，$\pi_{r2}^s > \pi_{r2}^p$。

（3）高价格生产商获得的信息租金 $\Delta\pi$（$\Delta\pi = \pi_{r2}^s - \pi_{r2}^p$）增大，因为供应商更期望高价格生产商出现，所以当其出现的概率减少时，其拥有的信息优势增大，供应商要付出更多的信息租金让高价格零售商显示自己的真实信息，因此对"生产商—供应商"而言不是双赢而是"Win-Lose"的局面。

（4）由供应商和生产商组成的供应链总体利润为 π_t，在混同契约下随 θ 的增大 π_t^p 逐渐降低；但在甄别契约下，总体利润 π_t^s 先减少后增大，在 $\theta = \sigma$ 时最低。这说明高低两种类型的价格生产商出现的概率比值接近 $(1-\sigma)/\sigma$ 时，甄别契约会使总体利润受到一定损害，但仍然大于混同契约下的总利润。

二　考虑两类价格差距和所占比例的变化

考虑到市场价格本身具有变动性，假设 $p_1 = 0.8$，p_2 在 [0.8, 3.2] 上变动，用 p_1/p_2 表示两类价格大小的差距。

从图6-6中可以看出随着两种类型价格的差值变小（即 p_1/p_2 趋向于1），采用两种不同契约都使得供应商利润逐渐降低并最终趋向一定值，这是因为市场价格的降低同时减少了供应链的总体利润。但不论两种价格之间的差值和出现的概率如何变化，对于供应商而言选择甄别契约下的期望利润都大于混同契约下的期望利润（见图6-7）。

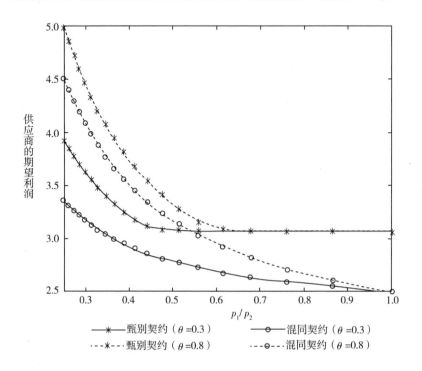

图6-6　在不同契约下价格波动对供应商利润的影响

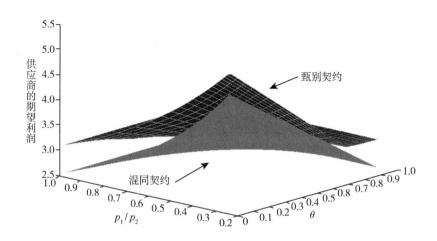

图6-7　两种价格差值和概率变动下的供应商期望利润

从图 6 - 8 中可以得到低价格生产商在甄别契约和混同契约下都仅得到其保留利润。高价格生产商在采用混同契约时，其利润与两类价格的差距有关，而与其所占比例无关。随着市场中高价格生产商的比例逐渐增大（即 p_1/p_2 减小），其在两种契约下的利润都会增加。但是采用甄别契约时，高价格生产商的利润不但与其价格有关，还受到其所占比例的影响，当其所占比例 $1-\theta<\sigma$ 时，其利润等同于混同契约下的利润，当所占比例 $1-\theta\geqslant\sigma$ 时，其利润明显逐渐上升，并且随着价格差距变大，σ 也逐渐增大。这就说明高价格生产商更倾向于何种契约形式，要考虑两类价格之间的差距以及出现的概率。

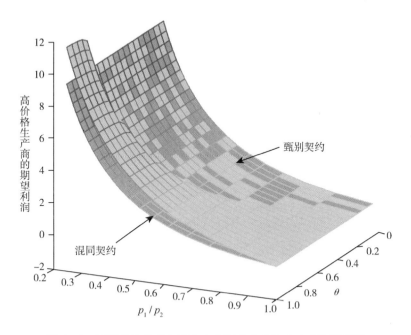

图 6 - 8　两种价格差值和概率变化下的高价格生产商期望利润

从表 6 - 2 中的数据分析得出：价格差距较小时，尽管市场出现低价格的概率较小，高价格生产商仍然能从供应商处获得信息租金；反之，价格差距较大时，只有在市场中高价格出现概率很小的情况下，供应商才会给予高价格生产商较高的信息租金，以诱使其说真话。

表6-2 高价格生产商的利润变化

p_1/p_2 \ θ	0.25	0.30	0.45	0.55	0.60	0.65	0.70	0.75	0.80
0.2500	9.6000	9.6001	9.6000	9.6000	9.6000	9.6000	9.6000	9.6001	11.4838
0.4419	3.5042	3.5043	3.5043	3.5042	3.5042	3.5042	3.5043	4.7792	4.8794
0.5135	2.5038	2.5038	2.5038	2.5038	2.5038	2.5038	3.5006	3.6146	3.6622
0.5588	2.0258	2.0258	2.0258	2.0258	2.0258	2.7739	2.9608	3.0218	3.0528
0.6129	1.5663	1.5663	1.5663	1.5663	2.0831	2.3260	2.3922	2.4242	2.4431
0.6786	1.1288	1.1288	1.1288	1.5762	1.7308	1.7818	1.8074	1.8228	1.8330
0.7600	0.7177	0.7177	0.9372	1.1672	1.1903	1.2035	1.2121	1.2181	1.2224
0.8636	0.3389	0.4392	0.5906	0.6021	0.6052	0.6074	0.6091	0.6104	0.6115

第五节　本章小结

本章研究了有初始资金约束的创新型生产商在向供应商进行关键部件采购，同时向供应商进行贷款融资的问题。考虑了研发商品市场价格信息不对称的情景下，资本市场的融资方案对供应链中企业运营和决策的影响，通过设计包含可变利率和固定支付的甄别契约，诱使生产商显示真实的价格信息。研究结果表明：

（1）供应商在甄别契约下能获得更大的利润，因此在资金合作中应考虑不对称信息的影响，注重对贷款契约的设计和风险控制的考核。

（2）对生产商而言，价格波动的幅度、价格类型所占的比例、市场规模等都影响其契约的选择，只有在一定阈值内高价格生产商才会选择甄别契约，否则在甄别契约和混同契约下其利润相同。

（3）低价格生产商仅获得保留利润，但是在甄别契约中随着贷款利率的降低，其订货量逐渐增大，有利于扩大市场份额。

（4）尽管高价格生产商有伪装成低价格以获取较低利率的趋势，但高价格生产商会获得供应商支付的额外的信息租金，从而避免了"劣币驱逐良币"的窘境。

尚有以下进一步研究的问题：第一，在不同的市场背景下，改变生产商和供应商的风险偏好可能会有不同的研究结果；第二，本章仅考虑了供应链上游的供应商和生产商之间的决策问题，可以引入零售商、竞争企业、第三方物流公司等增加供应链的复杂性，模拟真实的市场环境；第三，研究中假设生产商的初始资金为零，今后可以探讨在多周期订货中初始资金量和不对称信息对运营和融资决策的影响。

第七章 结论与展望

第一节 结论

当前，转变人类生产和生活方式，实现可持续发展的低碳经济成为全球关注的热点。我国政府工作报告中提出实施"中国制造2025"，实现由资源消耗大、污染物排放多的粗放制造转向绿色制造。这要求我国的制造型企业在供应链各个环节开展有效的节能减排工作，从产品的创新研发入手，联合供应链上下游企业进行优势互补，提高企业的创新能力和创新速度，从源头上推进创新研发，打造环境友好型社会。

值得关注的另一个现状是我国正面临着严重的废弃产品回收污染问题。新产品在不断涌现的同时，也带来了每年大量废旧产品的堆积。尤其是废弃电子产品的不当处置所排出的废气、废渣对大气、土壤和水体造成了严重的污染。我国在 2011 年开始实施《废弃电器电子产品回收处理管理条例》，并于 2012 年设立"废弃电器电子产品处理基金"用于回收处理企业的费用补贴。至此，政府、企业和学术界对废弃回收的承担者、回收渠道的建设展开广泛的讨论。2016 年年初，工信部等四部委公示了电子电器产品 EPR 首批试点企业名单，鼓励制造企业建立产品全生命周期 EPR 管理体系，布局回收渠道，积极探索科技减排创新之路。由此，本书从生产商的角度出发，要求其研发创新合作伙伴在产品的设计研发中充分考虑低碳回收的理念。

从运营管理的角度看，企业不但要面对社会责任，更要解决生产运营中对资金、信息的需要。企业间的创新研发合作具有很多的不确定性和信息不对称性特点。首先，研发方的真实研发水平、研发成本、努力投入等对生产商而言都可能是不对称信息；其次，市场需求和产品价格的不确定性，也对创新研发的参与者带来决策困扰。

因此，本书围绕供应链企业间的合作研发过程，综合运用委托代理理论、不完全契约理论和最优化理论方法，研究了创新产品生产商与研发合作供应商在各种不对称信息下的契约协调机制；并将研究进一步扩展到低碳回收的闭环供应链体系，研究了上游研发方和生产商之间在面对回收减排补贴、消费者低碳偏好以及研发技术不对称信息时的最优激励机制。研究得到了多方面的结论，现总结如下。

（1）考虑研发成功概率的甄别契约能有效激励研发方的最优努力，减少不对称信息所带来的逆向选择和道德风险影响。

针对生产商的逆向选择问题设计甄别契约，诱使研发方透露自己真实的研发成本信息。考虑到创新研发合作的不确定性，在契约设计中增加了创新研发成功的概率因素，并使用技术成果转化后的市场收益分成来激励研发方做出最优的努力。

研究假定市场中研发方分为高成本系数、低成本系数两类，以生产商的期望利润为目标，设计两类契约供研发方选择，诱导研发方透露真实的成本信息。主要结论如下。

其一，成本信息不对称下，低成本研发方除了得到保留效益之外，还得到了额外的信息租金。

其二，甄别契约中参数的设定受到生产商对市场上研发方成本类型比例这一事前估计值的影响，随着低成本研发方数量的增多，高成本研发方的收益共享比例将减少，固定支付增加，低成本研发方要支付给生产商一定的保证金。

其三，当低成本研发方数量较少时，生产商的期望利润可能被高信息租金淹没。而随着低成本研发方数量的增加，其所获得的信息租金将减少，原有的成本信息转化为公共信息，生产商不会再支付额外的信息租金。

（2）考虑实施 EPR 制度时，生产商与研发方之间契约签订的时间点和内容对双方努力投入的决策、供应链利润和回收减排量的结果都具有影响。

在生产商、研发方和消费者组成的闭环供应链中，考虑了消费者的绿色环保意愿，将创新产品的生产商作为博弈的领导者，为生产商和研发方提供了两种基于收益共享的创新研发合作契约。因为零部件产品的创新研发结果具有不确定性，因此生产商会选择预先承诺收益共享比例或者在第一阶段产品研发之后给出收益共享的比例，这两种模型的区别在于：生产商是否在观察到一定信号之后再做契约决策，因而产生了信息的价值。模型对比研究表明：第一，在由研发方负责供给部件的回收处理的闭环供应链中，延迟承诺收益比例不利于激发低碳设计的积极性，采用预先约定收益比例的 S－P 模型时供应链整体收益水平较高。第二，从降低碳排放量的角度而言，S - D 模型在一定参数取值区间内优于 S - P 模型。

本书进一步探讨了研发方低碳研发技术水平的变化、双方贡献度、碳税对减排结果的影响。首先，低碳研发技术水平较高的研发方对研发实力更有自信，因而 S - P 模型中其会承诺更多的项目开发保证金，同时要求更高的收益分配比例，在 S - D 模型中则相反。其次，双方减排的贡献度对低碳回收效果有一定影响，当零部件的低碳设计对产品回收起关键作用时，减排量随研发方低碳技术水平的提高而增大，S - P 模型的减排效果较好；当生产商的回收渠道布局起重要作用时，其会降低对研发方设计激励的投入，采用 S - D 模型在一定区间减排效果较好。最后，在 EPR 制度中，生产商不仅要考虑研发方的低碳技术水平，还要考虑政府设置的碳税水平。研发方的研发技术水平较低时，较高的碳税反而对供应链整体的减排产生负面作用。

（3）在研发方参与低碳设计和回收的两阶段闭环供应链中，针对研发技术水平信息不对称和研发结果的不确定，进一步研究了甄别契约的更新机制。

根据前文采用的甄别契约，一旦合同签订之后，双方可以在最优契约下确定努力水平，即使后续研发中出现新的机会创造低碳产品，研发方也不会主动投入。显然这种不具备谈判能力的甄别契约并不利于低碳产品的创新研发。因此，针对研发过程的不确定性，在甄别契约的基础上设计了两阶段的契约更新机制，并讨论了初始契约和更新契约的最优解。

经过对契约性质和参数变化的讨论分析，得到如下结论。

其一，面对高水平研发方，生产商只要关注研发方的低碳研发技术水平来调整更新的契约参数；但是对于低水平研发方，不仅要关注其低碳技术水平，还要关注其可能出现的概率和研发技术的差距。

其二，在双方博弈谈判中，如果研发方在产品回收处理中的作用更大，生产商将会在后续增加其收益分配的比例；相反，若生产商的回收渠道投入和废旧产品回收策略在低碳回收过程中起到更多作用，其会降低给予研发方的收益比例。

其三，不对称信息的存在削减了生产商的期望利润，因为其要支付额外的信息租金激励研发方说实话。但是，当研发方是低水平的概率超过一定比值时，生产商的边际利润会有提升，这是因为回收减排的奖励促使研发方在研发投入和回收投入中自我平衡。

其四，甄别契约对低水平研发方的激励约束同样起作用。

其五，当研发方对自身的低碳技术水平很有自信时，可以向生产商缴纳一定的保证金，然后承担产品开发风险并且获得最终的产品收益和低碳回收奖励。可以看出，甄别更新契约对企业间的低碳研发和低碳回收有激励效果。

（4）在市场信息不完全情景下，设计了供应商参与融资合作的混同契约和甄别契约，给出了契约选择的依据和最优利率，通过给出信息租金能有效避免不对称信息带来的融资风险。

这部分主要探讨了在创新产品市场价格信息为生产商的私有信息情况下，有资金约束的生产商通过供应链商业信用向合作研发的供应商借款的融资决策问题。假设创新产品的市场需求不确定，生产商向供应商进行一次性订货，受到初始资金的限制，不能实现报童模型中的最优采购量，因而通过延迟支付供应商的货款获得短期融资，并在销售季节末偿还货款及利息。

本书以利润最大化和降低供应链风险为目标为供应商设计了混同契约和甄别契约，同时对比了价格信息不对称下采用两种契约的双方决策和收益情况，并分析了契约中参数的变化对决策的影响。研究结果表明：

其一，面对价格和需求的不确定，供应商在甄别契约下能获得更大的利润。

其二，对生产商而言，价格波动的幅度、价格类型所占的比例、市场规模等都影响其契约的选择，只有在一定阈值内高价格生产商才会选择甄别契约，否则甄别和混同契约下其利润相同。

其三，低价格生产商仅获得保留利润，但是在甄别契约中随着贷款利率的降低，其订货量逐渐增大，有利于扩大市场份额。

其四，尽管高价格生产商有伪装成低价格以获取较低利率的趋势，但高价格生产商会获得供应商支付的额外的信息租金，从而避免了"劣币驱逐良币"的窘境。

第二节　展望

本书的研究为解决不对称信息下的创新研发合作契约设计问题提供了一些新的研究思路和研究方法，并将研究背景扩展到低碳回收闭环系统中，为 EPR 的实施提供了决策的理论依据。由于学识水平有限和缺乏实践调研，本书的研究还存在许多不足之处，针对文中提出的一些问题还有待进一步深入探讨。

（1）以创新研发生产商为主导，因此在与上游企业进行 Stackelberg 博弈时，生产商为领导者，研发方为跟随者。这是基于市场上大部分创新型企业，如高科技品牌企业、制药公司、手机制造商等都是其供应链的核心成员，主导和推动供应链上下游的合作创新。但实际中也存在拥有技术知识专利的科技创新研发公司，选择合适的生产商或市场推广者为其生产和销售产品。这时要讨论以研发方为主导的博弈模型中，研发方如何通过信号传递向合作伙伴显示出自身的真实水平。

（2）提出的以低碳回收为目标的研发设计，让研发方参与闭环回收体系中的思想只是一个初步的探讨。在模型分析中用双方在研发和回收阶段的努力表示双方的投入，没有详细区分各自的具体成本函数。以后的研究中应考虑将生产商的回收渠道成本、产品回收率，研发方回收部件的利用率、回收获利等因素增加到模型中，使模型更具合理性和实用性。

（3）在第四章和第五章的契约模型中，选用了里程支付和收益共享契约的结合，以后的研究可以讨论其他契约类型的协调效果，比如成本共担契约。同时，这两部分研究中假设研发创新产品是处于寡头垄断市场中，针对可低碳回收的产品和普通产品对消费者的效用不同，对有市场价格竞争的该类问题值得进一步研究。

（4）考虑不同的供应链结构，本书仅探讨了一个研发方和一个生产商的供应链结构，得出了一些基本结论。下一步应讨论在一对多、多对一、多对多的供应链体系下，当研发方有横向和纵向技术溢出时，如何构建联合决策的契约模型，以激励低碳研发。

（5）本书在研发方都是理性行为人的假设下构建了甄别契约，研究发现这种契约机制虽然能够帮助生产商甄别出研发方的真实信息，防止逆向选择和道德风险问题，但对企业而言契约设计较为复杂，并且低水平研发方往往得不到更多激励。实际生产中，也不乏存在一个低水平研发方经过特殊努力，为企业创造更多价值。如果预先设定了契约机制，并不利于其自发的努力。因此，从行为运营学的角度，将研发方假设为有限理性人参与合作，考虑合作双方的风险态度、谈判能力等问题也是今后进一步研究的方向。

最后，在已经求得契约模型最优解表达式的基础上，进行了数值案例的分析，以得到直观的管理经验。今后将加强与企业间的合作，比如追踪 EPR 首批试点企业的实施运行情况，用真实合理的案例做实证性研究，为政府和企业提供更严谨的理论支撑，为本书的后续研究奠定更为坚实的基础。

参考文献

白少布、刘洪：《基于 EPR 制度的闭环供应链协调机制研究》，《管理评论》2011 年第 12 期。

曹柬、吴晓波、周根贵：《不对称信息下绿色采购激励机制设计》，《系统工程理论与实践》2013 年第 1 期。

陈剑：《低碳供应链管理研究》，《系统管理学报》2012 年第 6 期。

陈祥锋、朱道立、应雯珺：《资金约束与供应链中的融资和运营综合决策研究》，《管理科学学报》2008 年第 3 期。

陈祥锋：《资金约束供应链中贸易信用合同的决策与价值》，《管理科学学报》2013 年第 12 期。

陈祥锋：《资金约束供应链中违约风险与融资均衡研究》，《复旦学报》（自然科学版）2016 年第 5 期。

陈宇科、孟卫东、邹艳等：《竞争条件下纵向合作创新企业的联盟策略》，《系统工程理论与实践》2010 年第 5 期。

程平、陈艳：《考虑合作创新产品市场的 IT 研发外包合同》，《系统工程理论与实践》2012 年第 6 期。

但斌、宋寒、张旭梅：《合作创新下考虑双边道德风险的研发外包合同》，《研究与发展管理》2010 年第 2 期。

窦亚芹、朱金福：《不对称信息下供应链融资优化决策研究》，《管理评论》2012 年第 9 期。

傅家骥：《技术创新学》，清华大学出版社 1998 年版。

计国君、黄位旺：《WEEE 回收条例有效实施问题研究》，《管理科学学报》2012 年第 5 期。

李善良、朱道立：《不对称信息下供应链线性激励契约委托代理分析》，《计算机集成制造系统》2006 年第 12 期。

刘学、庄乾志：《合作创新的风险分摊和利益分配》，《科研管理》1998 年第 5 期。

刘志迎、李芹芹：《产业链上下游链合创新联盟的博弈分析》，《科学学与科学技术管理》2012 年第 6 期。

鲁力、陈旭：《不同碳排放政策下基于回购合同的供应链协调策略》，《控制与决策》2014 年第 12 期。

鲁其辉、曾利飞、包兴：《基于 Stackelberg 博弈的供应链采购融资模式》，《控制与决策》2014 年第 10 期。

鲁其辉、曾利飞、周伟华等：《供应链应收账款融资的决策分析与价值研究》，《管理科学学报》2012 年第 5 期。

骆瑞玲、范体军、夏海洋：《碳排放交易政策下供应链碳减排技术投资的博弈分析》，《中国管理科学》2014 年第 11 期。

聂佳佳、王拓、赵映雪等：《碳排放约束下再制造闭环供应链回收策略》，《管理工程学报》2015 年第 3 期。

聂佳佳、熊中楷：《信息分享对制造商负责回收闭环供应链的影响》，《工业工程与管理》2009 年第 5 期。

申成霖、侯文华、张新鑫：《基于信息共享视角的时间竞争型供应链决策》,《系统工程理论与实践》2010 年第 2 期。

孙彩虹、齐建国、于辉等:《不对称双寡头企业半合作创新模式研究》,《系统工程理论与实践》2009 年第 3 期。

王芹鹏、赵道致:《消费者低碳偏好下的供应链收益共享契约研究》,《中国管理科学》2014 年第 9 期。

王文利、骆建文、张钦红:《银行风险控制下的供应链订单融资策略研究》,《中国管理科学》2013 年第 3 期。

武丹、郁义鸿:《企业合作 R&D 模式与收益分配机制及其应用》,《科学学与科学技术管理》2007 年第 6 期。

夏良杰、郝旺强、吴梦娇:《碳税规制下基于转移支付的供应链减排优化研究》,《经济经纬》2015 年第 4 期。

熊中楷、张洪艳:《不对称信息下闭环供应链的定价策略》,《工业工程》2009 年第 3 期。

熊中楷、张盼、郭年:《供应链中碳税和消费者环保意识对碳排放影响》,《系统工程理论与实践》2014 年第 9 期。

晏妮娜、孙宝文:《考虑信用额度的仓单质押融资模式下供应链金融最优策略》,《系统工程理论与实践》2011 年第 9 期。

叶飞、李怡娜、徐学军:《供应商早期参与新产品开发的动机与模式研究》,《研究与发展管理》2006 年第 6 期。

于辉、刘鹏飞、孙彩虹:《信息可信与贷款利率确定问题的供应链鲁棒模型分析》,《中国管理科学》2014 年第 8 期。

张汉江、甘兴、赖明勇:《最优价格与回收努力激励的闭环供应链协调》,《系统工程学报》2015 年第 2 期。

张汉江、张佳雨、赖明勇:《低碳背景下政府行为及供应链合作研发博弈分析》,《中国管理科学》2015 年第 10 期。

张曙红、张金隆、初叶萍：《基于再制造优先的闭环供应链定价与协调》，《系统工程学报》2013 年第 4 期。

张义刚、唐小我：《供应链融资中的制造商最优策略》，《系统工程理论与实践》2013 年第 6 期。

张媛媛、李建斌：《库存商品融资下的库存优化管理》，《系统工程理论与实践》2008 年第 9 期。

赵道致、徐春秋、王芹鹏：《考虑零售商竞争的联合减排与低碳宣传微分对策》，《控制与决策》2014 年第 10 期。

赵道致、原白云、徐春秋：《低碳环境下供应链纵向减排合作的动态协调策略》，《管理工程学报》2016 年第 1 期。

庄品、赵林度：《应急环境和不对称信息下两个竞争零售商的供应链批发价契约》，《东南大学学报》（自然科学版）2007 年第 3 期。

邹艳、陈宇科、董景荣等：《三级供应链内中游企业纵向合作研发策略》，《管理工程学报》2011 年第 1 期。

Armstrong, M., Rochet, J. C., "Multi-Dimensional Screening: A User's Guide", *European Economic Review*, Vol. 43, No. 4, 1999.

Atasu, A., Özdemir, Ö., Van Wassenhove, L. N., "Stakeholder Perspectives on E-Waste Take-Back Legislation", *Production and Operations Management*, Vol. 22, No. 2, 2013.

Babich, V., Sobel, M. J., "Pre-IPO Operational and Financial Decisions", *Management Science*, Vol. 50, No. 7, 2004.

Bahli, B., Rivard, S., "The Information Technology Outsourcing Risk: A Transaction Cost and Agency Theory-Based Perspective", *Journal of Information Technology*, Vol. 18, No. 3, 2003.

Banerjee, S., Lin, P., "Vertical Research Joint Ventures", *Interna-

tional Journal of Industrial Organization, Vol. 19, No. 1, 2001.

Bendoly, E., Bharadwaj, A., Bharadwaj, S., "Complementary Drivers of New Product Development Performance: Cross-Functional Coordination, Information System Capability, and Intelligence Quality", *Production and Operations Management*, Vol. 21, No. 4, 2012.

Benjaafar, S., Li, Y., Daskin, M., "Carbon Footprint and the Management of Supply Chains: Insights from Simple Models", *IEEE Transactions on Automation Science and Engineering*, Vol. 10, No. 1, 2013.

Bhaskaran, S. R., Krishnan, V., "Effort, Revenue, and Cost Sharing Mechanisms for Collaborative New Product Development", *Management Science*, Vol. 55, No. 7, 2009.

Bhattacharya, S., Gaba, V., Hasija, S., "A Comparison of Milestone-Based and Buyout Options Contracts for Coordinating R&D Partnerships", *Management Science*, Vol. 61, No. 5, 2014.

Bryson, K., Sullivan, W. E., "Designing Effective Incentive-Oriented Contracts for Application Service Provider Hosting of ERP Systems", *Business Process Management Journal*, Vol. 9, No. 6, 2003.

Burnetas, A., Gilbert, S. M., Smith, C. E., "Quantity Discounts in Single-Period Supply Contracts with Asymmetric Demand Information", *IIE Transactions*, Vol. 39, No. 5, 2007.

Buzacott, J. A., Zhang, R. Q., "Inventory Management with Asset-Based Financing", *Management Science*, Vol. 50, No. 9, 2004.

Cachon, G. P., Lariviere, M. A., "Contracting to Assure Supply: How to Share Demand Forecasts in a Supply Chain", *Management Sci-*

ence, Vol. 47, No. 5, 2001.

Çanakoğlu, E. , Bilgic, T. , "Analysis of a Two-Stage Telecommunication Supply Chain with Technology Dependent Demand", *European Journal of Operational Research*, Vol. 177, No. 2, 2007.

Che, Y. K. , Gale, I. , "Optimal Design of Research Contests", *The American Economic Review*, Vol. 93, No. 3, 2003.

Chen, K. , Xiao, T. , "Demand Disruption and Coordination of the Supply Chain with a Dominant Retailer", *European Journal of Operational Research*, Vol. 197, No. 1, 2009.

Choi, T. M. , Li, Y. , Xu, L. , "Channel Leadership, Performance and Coordination in Closed Loop Supply Chains", *International Journal of Production Economics*, Vol. 146, No. 1, 2013.

Corbett, C. J. , De Groote, X. , "A Supplier's Optimal Quantity Discount Policy under Asymmetric Information", *Management Science*, Vol. 46, No. 3, 2000.

Corbett, C. J. , Zhou, D. , Tang, C. S. , "Designing Supply Contracts: Contract Type and Asymmetric Information", *Management Science*, Vol. 50, No. 4, 2004.

Crama, P. , De Reyck, B. , Degraeve, Z. , "Step by Step, the Benefits of Stage-Based R&D Licensing Contracts", *European Journal of Operational Research*, Vol. 224, No. 3, 2013.

Crama, P. , De Reyck, B. , Taneri, N. , "Licensing Contracts: Control Rights, Options, and Timing", *Management Science*, Vol. 63, No. 3, 2016.

Crama, P. , Reyck, B. D. , Degraeve, Z. , "Milestone Payments or Royalties? Contract Design for R&D Licensing", *Operations Research*, Vol. 56, No. 6, 2008.

Dada, M., Hu, Q., "Financing Newsvendor Inventory", *Operations Research Letters*, Vol. 36, No. 5, 2008.

D'Aspremont, C., Jacquemin, A., "Cooperative and Noncooperative R&D in Duopoly with Spillovers", *The American Economic Review*, Vol. 78, No. 5, 1988.

Dechenaux, E., Thursby, M., Thursby, J., "Shirking, Sharing Risk and Shelving: The Role of University License Contracts", *International Journal of Industrial Organization*, Vol. 27, No. 1, 2009.

Du, S., Zhu, L., Liang, L., et al., "Emission-Dependent Supply Chain and Environment Policy Making in the 'Cap-and-Trade' System", *Energy Policy*, No. 57, 2013.

Etro, F., Cella, M., "Equilibrium Principal-Agent Contracts: Competition and R&D Incentives", *Journal of Economics & Management Strategy*, Vol. 22, No. 3, 2013.

Feng, Q., Lai, G., Lu, L. X., "Dynamic Bargaining in a Supply Chain with Asymmetric Mand Information", *Management Science*, Vol. 61, No. 2, 2014.

Fritsch, M., Lukas, R., "Who Cooperates on R&D", *Research Policy*, Vol. 30, No. 2, 2001.

Fusfeld, H., Haklisch, C., "Cooperative R&D for Competitors", *Harvard Business Review*, No. 63, 2013.

Gan, X., Sethi, S. P., Zhou, J., "Commitment-Penalty Contracts in Drop-Shipping Supply Chains with Asymmetric Demand Information", *European Journal of Operational Research*, Vol. 204, No. 3, 2010.

Ge, Z., Hu, Q., Xia, Y., "Firms' R&D Cooperation Behavior in a Supply Chain", *Production and Operations Management*, Vol. 23, No. 4, 2014.

Gilbert, S. M., Cvsa, V., "Strategic Commitment to Price to Stimulate Downstream Innovation in a Supply Chain", *European Journal of Operational Research*, Vol. 150, No. 3, 2003.

Govindan, K., Soleimani, H., Kannan, D., "Reverse Logistics and Closed-Loop Supply Chain: A Comprehensive Review to Explore the Future", *European Journal of Operational Research*, Vol. 240, No. 3, 2015.

Grossman, S. J., Hart, O. D., "The Costs and Benefits of Ownership: A Theory of Vertical and Lateral Integration", *The Journal of Political Economy*, Vol. 94, No. 4, 1986.

Guide, V. D. R., Souza, G. C., Van Wassenhove, L. N., et al., "Time Value of Commercial Product Returns", *Management Science*, Vol. 52, No. 8, 2006.

Guide, V. D. R., Wassenhove, L. N., "Managing Product Returns for Remanufacturing", *Production and Operations Management*, Vol. 10, No. 2, 2001.

Gupta, D., Weerawat, W., "Supplier-Manufacturer Coordination in Capacitated Two-Stage Supply Chains", *European Journal of Operational Research*, Vol. 175, No. 1, 2006.

Ha, A. Y., "Supplier-Buyer Contracting: Asymmetric Cost Information and Cutoff Level Policy for Buyer Participation", *Naval Research Logistics*, Vol. 48, No. 1, 2001.

Hart, O., Moore, J., "Incomplete Contracts and Renegotiation", *Econometrica: Journal of the Econometric Society*, 1988.

Ishii, A., "Cooperative R&D between Vertically Related Firms with Spillovers", *International Journal of Industrial Organization*, Vol. 22, No. 8, 2004.

İşlegen, Özge, Erica L. Plambeck, and Terry A. Taylor, "Variability in Emissions Cost: Implications for Facility Location, Production and Shipping", *Environmentally Responsible Supply Chains*, 2016.

Iyer, A. V., Schwarz, L. B., Zenios, S. A., "A Principal-Agent Model for Product Specification and Production", *Management Science*, Vol. 51, No. 1, 2005.

Kamien, M. I., Muller, E., Zang, I., "Research Joint Ventures and R&D Cartels", *The American Economic Review*, 1992.

Kamien, M. I., Zang, I., "Meet Me Halfway: Research Joint Ventures and Absorptive Capacity", *International Journal of Industrial Organization*, Vol. 18, No. 7, 2000.

Katz, R., Rebentisch, E. S., Alien, T. J., "A Study of Technology Transfer in a Multinational Cooperative Joint Venture", *IEEE Transactions on Engineering Management*, Vol. 43, No. 1, 1996.

Kaya, M., Özer, Ö., "Quality Risk in Outsourcing: Noncontractible Product Quality and Private Quality Cost Information", *Naval Research Logistics (NRL)*, Vol. 56, No. 7, 2009.

Kim, S. H., Netessine, S., "Collaborative Cost Reduction and Component Procurement under Information Asymmetry", *Management Science*, Vol. 59, No. 1, 2013.

Kouvelis, P., Zhao, W., "Financing the Newsvendor: Supplier vs. Bank, and the Structure of Optimal Trade Credit Contracts", *Operations Research*, Vol. 60, No. 3, 2012.

Kouvelis, P., Zhao, W., "Supply Chain Contract Design under Financial Constraints and Bankruptcy Costs", *Management Science*, Vol. 62, No. 8, 2016.

Lai, G., Debo, L. G., Sycara, K., "Sharing Inventory Risk in Supply Chain: The Implication of Financial Constraint", *Omega*, Vol. 37, No. 4, 2009.

Laroche, M., Bergeron, J., Barbaro-Forleo, G., "Targeting Consumers Who are Willing to Pay More for Environmentally-Friendly Products", *Journal of Consumer Marketing*, Vol. 18, No. 6, 2001.

Luo, J., Zhang, Q., "Trade Credit: A New Mechanism to Coordinate Supply Chain", *Operations Research Letters*, Vol. 40, No. 5, 2012.

Ma, P., Shang, J., Wang, H., "Enhancing Corporate Social Responsibility: Contract Design under Information Asymmetry", *Omega*, No. 67, 2017.

Majumdar, A., Shaffer, G., "Market-Share Contracts with Asymmetric Information", *Journal of Economics & Management Strategy*, Vol. 18, No. 2, 2009.

Martimort, D., Poudou, J. C., Sand-Zantman, W., "Contracting for an Innovation under Bilateral Asymmetric Information", *The Journal of Industrial Economics*, Vol. 58, No. 2, 2010.

Mattessich, P. W. , Monsey, B. R. , *Collaboration: What Makes It Work – A Review of Research Literature on Factors Influencing Successful Collaboration*, St. Paul: Amherst H. Wilder Foundation, 1992.

Modigliani, F. , Miller, M. H. , "The Cost of Capital, Corporation Finance and the Theory of Investment", *The American Economic Review*, Vol. 48, No. 3, 1958.

Myerson, R. B. , *Game Theory: Analysis of Conflict*, Cambridge, MA: Harvard University, 1991.

Plambeck, E. L. , Taylor, T. A. , "Implications of Breach Remedy and Renegotiation Design for Innovation and Capacity", *Management Science*, Vol. 53, No. 12, 2007.

Plambeck, E. L. , "Reducing Greenhouse Gas Emissions through Operations and Supply Chain Management", *Energy Economics*, No. 34, 2012.

Roels, G. , Karmarkar, U. S. , Carr, S. , "Contracting for Collaborative Services", *Management Science*, Vol. 56, No. 5, 2010.

Savaskan, R. C. , Bhattacharya, S. , Van Wassenhove, L. N. , "Closed-Loop Supply Chain Models with Product Remanufacturing", *Management Science*, Vol. 50, No. 2, 2004.

Savaskan, R. C. , Van Wassenhove, L. N. , "Reverse Channel Design: The Case of Competing Retailers", *Management Science*, Vol. 52, No. 1, 2006.

Savva, N. , Scholtes, S. , "Opt-Out Options in New Product Co-Development Partnerships", *Production and Operations Management*, Vol. 23, No. 8, 2014.

Schöggl, J. P. , Baumgartner, R. J. , Hofer, D. , "Improving Sustainability Performance in Early Phases of Product Design: A Checklist for Sustainable Product Development Tested in the Automotive Industry", *Journal of Cleaner Production*, No. 140, 2017.

Schultz, K. , Williamson, P. , "Gaining Competitive Advantage in a Carbon-Constrained World: Strategies for European Business", *European Management Journal*, Vol. 23, No. 4, 2005.

Shamir, N. , "Asymmetric Forecast Information and the Value of Demand Observation in Repeated Procurement", *Decision Sciences*, Vol. 44, No. 6, 2013.

Stiglitz, J. E. , Weiss, A. , "Asymmetric Information in Credit Markets and Its Implications for Macro-Economics", *Oxford Economic Papers*, Vol. 44, No. 4, 1992.

Sunar, N. , Plambeck, E. , "Allocating Emissions among Co-Products: Implications for Procurement and Climate Policy", *Manufacturing & Service Operations Management*, Vol. 18, No. 3, 2016.

Taylor, T. A. , Plambeck, E. L. , "Simple Relational Contracts to Motivate Capacity Investment: Price Only vs. Price and Quantity", *Manufacturing & Service Operations Management*, Vol. 9, No. 1, 2007.

Tsai, K. H. , Hsieh, M. H. , "How Different Types of Partners Influence Innovative Product Sales: Does Technological Capacity Matter?" *Journal of Business Research*, Vol. 62, No. 12, 2009.

Wang, Q. , Zhao, D. , He, L. , "Contracting Emission Reduction for Supply Chains Considering Market Low-Carbon Preference", *Jour-*

nal of Cleaner Production, No. 120, 1992.

Xiao, W., Xu, Y., "The Impact of Royalty Contract Revision in a Multistage Strategic R&D Alliance", *Management Science*, Vol. 58, No. 12, 2012.

Xiong, Y., Zhou, Y., Li, G., et al., "Don't Forget Your Supplier When Remanufacturing", *European Journal of Operational Research*, Vol. 230, No. 1, 2013.

Xu, X., Birge, J. R., "Operational Decisions, Capital Structure, and Managerial Compensation: A News Vendor Perspective", *The Engineering Economist*, Vol. 53, No. 3, 2008.

Yadav, P., Miller, D. M., Schmidt, C. P., et al., "McGriff Treading Company Implements Service Contracts with Shared Savings", *Interfaces*, Vol. 33, No. 6, 2003.

Yan, N., Dai, H., Sun, B., "Optimal Bi-Level Stackelberg Strategies for Supply Chain Financing with Both Capital-Constrained Buyers and Sellers", *Applied Stochastic Models in Business and Industry*, Vol. 30, No. 6, 2014.

Yehezkel, Y., "Motivating a Supplier to Test Product Quality", *The Journal of Industrial Economics*, Vol. 62, No. 2, 2014.

Zhang, P., Xiong, Y., Xiong, Z., et al., "Designing Contracts for a Closed-Loop Supply Chain under Information Asymmetry", *Operations Research Letters*, Vol. 42, No. 2, 2014.